ns Leben

Herausgegeben von der
Initiative Buchwerkstatt

Bewegtes Leben
Biografien aus Schwabing

Volk Verlag München

Gefördert mit Mitteln der
Landeshauptstadt München.

 Landeshauptstadt
München
Sozialreferat

Die Deutsche Bibliothek verzeichnet diese Publikation in der
Deutschen Nationalbibliografie; detaillierte bibliografische Daten
sind im Internet über http://dnb.ddb.de abrufbar.
© 2012 by Volk Verlag München
Streitfeldstraße 19, 81673 München
Tel. 089 / 42 07 96 98 - 0, Fax 089 / 42 07 96 98 - 6
www.volkverlag.de
Druck: cpi books GmbH, Ulm
Alle Rechte, einschließlich derjenigen des auszugsweisen
Abdrucks sowie der fotomechanischen Wiedergabe, vorbehalten.
ISBN 978-3-86222-100-4

Inhalt

Über die Entstehungsgeschichte dieses Buches 7
Gabriele Bolz-Pernath

Katalin Fenyes –
Mein Zimmer ist von Tränen erfüllt 11
aufgezeichnet von Uta Freising

Bruni B. –
Die Frau, die die Münchner Atemmaske erfand 19
aufgezeichnet von Marianne Steffen

Herwig K. oder –
Was hat denn das mit Kunst zu tun? 33
aufgezeichnet von Horst Schmidt

Ellen Schimanski –
Das Wagnis der Unabhängigkeit 47
aufgezeichnet von Anne Raab/Horst Schmidt

Robert Owens –
Auf der Suche nach Wahrheit und Schönheit 63
aufgezeichnet von Marianne Steffen

Hana Fricke –
Freiheit und Selbstbestimmung 77
aufgezeichnet von Gudrun Fisch

Anatoly Borisowitsch Paley –
Professor für Astrophysik und Kontingentflüchtling 85
aufgezeichnet von Horst Schmidt

Angelica Breymann –
Sehnsucht nach einer Heimat 101
aufgezeichnet von Niko Remy

Danksagung 109

Gabriele Bolz-Pernath
Über die Entstehungsgeschichte dieses Buches

ÜBER DIE ENTSTEHUNGSGESCHICHTE DIESES BUCHES

„Wenn ein alter Mensch stirbt, ist es, als brenne eine Bibliothek ab." Dieses afrikanische Sprichwort kam mir in den Sinn, als ich 2008 im Sozialbürgerhaus Schwabing-Freimann zu arbeiten anfing. Als Sozialpädagogin wurde ich dort mit erstaunlichsten Schicksalen konfrontiert, stieß auf außerordentliche Geschichten und Erlebnisse, auf höchst lebendige Erinnerungen und traf vor allem viele wunderbare Menschen, deren Lebensläufe und Lebenserfahrungen mir durchaus wert erschienen, aufgezeichnet und für die Nachwelt erhalten zu werden. Etwas später wurde ich Beauftragte für Bürgerschaftliches Engagement. Es entstand die Idee, in diesem Rahmen Biografien von Menschen aufzuzeichnen und ein Buch über die Lebensgeschichten von Schwabinger Bürgern durch ehrenamtliche Mitarbeiter schreiben zu lassen.

Da es so ein Projekt im Rahmen des Sozialreferates zuvor noch nicht gegeben hatte, gab es keine Vorbilder, an denen wir uns orientieren konnten. Ich selbst hatte auch keine Erfahrung mit der Herstellung eines Buches. Wir haben also alle „Neuland" betreten. Die Idee, ein Buch über Lebensgeschichten einfacher Schwabinger Bürger zu schreiben, gefiel uns allen aber so gut, dass wir uns auf das Experiment einließen. Das war im Nachhinein betrachtet sehr mutig und spiegelt auch das große Engagement jedes einzelnen Mitwirkenden wider.

Wir wollten ganz normale Bürger aus Schwabing interviewen, keine Prominenten, das macht für uns die Biografien in diesem Buch zu etwas Besonderem. Wir begegneten durchgängig sehr liebenswerten Menschen, die sich trotz widriger Lebensumstände eine positive Lebenseinstellung bewahrt hatten. Deshalb möchte ich mich an erster Stelle bei denen bedanken, die uns ihre Lebensgeschichten erzählt haben. Die ehrenamtlichen Autoren haben durch sie wertvolle Erfahrungen machen dürfen. Ich bedanke mich vor allem auch für die Offenheit mit der sie uns ihre wertvollen Erinnerungen anvertraut haben. Die Biografiearbeit hat uns alle bereichert.

Die Auseinandersetzung, das Zuhören beim Erzählen fremder Lebensgeschichten konfrontierte die Autoren immer auch mit der eigenen Vergangenheit. Man denkt beispielsweise darüber nach, was man selbst vor 30 Jahren gemacht hat, wo und wie man zu dieser Zeit gelebt hat, was für Ziele und Träume da waren und was daraus geworden ist – 30 Jahre später. Es gab bei unseren abendlichen Treffen anfangs Diskussionen darüber, ob wir die Biografien nicht besser systematisch abfragen und dafür ein Schema, ein Raster entwerfen sollten. Wir haben uns für „freestyle" entschieden. Das heißt, wir haben die Lebensgeschichten so aufgenommen, wie sie die Menschen erzählten. Es ging nicht um lückenlose, geordnete Texte. Wenn es über bestimmte Zeiträume keine oder unvollständige Aussagen gab, war das eben so. Es ist uns auch ein wichtiges Anliegen gewesen, dass die Biografierten mit dem, was über sie geschrieben wurde, einverstanden waren und dass sie das letzte Wort hatten. Sie haben deshalb die Texte auch als letzte Instanz korrigiert und ihr Einverständnis für den Druck gegeben.

Biografiearbeit liegt seit einigen Jahren sehr im Trend. Viele Bildungsträger bieten Kurse zum Thema an. Es wird Biografiearbeit in Altenheimen und anderen Einrichtungen gemacht. Wir haben festgestellt, dass der Biograf und sein Interviewpartner oft schnell eine vertraute Beziehung aufbauen. Beide lernen eine neue Welt kennen und machen die Erfahrung, dass jede Begegnung eine Spur hinterlässt, die nie ganz verweht.

ÜBER DIE ENTSTEHUNGSGESCHICHTE DIESES BUCHES

Gerade unsere eben nicht so prominenten Interviewpartner haben während der Interviews viel Aufmerksamkeit und Zuwendung verspürt. Allein die Tatsache, dass jemand Interesse an ihren Lebensläufen zeigte, war für die meisten eine belebende Erfahrung. Es wurde ein Prozess des gegenseitigen Lernens und Respektierens geboren, der die zeitgeschichtlich unterschiedlichen Lebenskonzepte und die verschiedenen Umgangsweisen mit den jeweilgen Lebenslagen reflektierte.

Ein zusammenhängendes Leben in der Rückschau zu betrachten, ist den Mitarbeitern des Sozialbürgerhauses sonst nicht möglich, da der Fokus immer nur auf einem bestimmten Lebensabschnitt liegt. Auch wir Mitarbeiter haben dazugelernt und so mancher, den wir seit Langem betreuen, erscheint nach der Lektüre der Biografien in neuem Licht.

Kurz gesagt: Ich bin sehr stolz auf uns alle, die wir über einen so langen Zeitraum nicht aufgegeben und mit viel Geduld und Kreativität unser Ziel verwirklicht haben. Wir freuen uns, dass die Biografien im europäischen Jahr des aktiven Alterns durch die großzügige Förderung der Stadt München jetzt erscheinen können und dass nun viele Menschen Gelegenheit haben, die von uns gesammelten Lebenslinien mitzuverfolgen.

Viel Spaß beim Lesen!

aufgezeichnet von Uta Freising

Katalin Fenyes –

Mein Zimmer ist von Tränen erfüllt

KATALIN FENYES

Noch in der Türe umarmt sie mich, „Nenn' mich Kati", strahlt mich an und tänzelt zu einer Sitzecke. Katalin Fenyes ist klein, gepflegt, faltenlos, hat einen silbergrauen flotten Kurzhaarschnitt. Sie ist schön und doch schon 91 Jahre alt. „Wie geht es Ihnen?" „Gut", lacht sie und streckt im Sitzen ein Bein senkrecht nach oben, dann das andere. Jeden Morgen macht sie diese Gymnastik. Sie fragt nach meinem Sternzeichen und ist zufrieden. Wir können anfangen. „Wenn du über mein Leben schreiben willst, dann reichen 500 Seiten nicht aus." Sie gibt mir ein Buch „Mein Zimmer ist von Tränen erfüllt", eine Biografie, die anlässlich ihres letzten Auftritts in Budapest geschrieben wurde.

Katalin Fenyes kommt am 23. Mai 1921 in Budapest zur Welt. Erwünscht ist sie nicht. Die Eltern sind arm. Der Vater, ein Chirurg, beendet seine angestrebte Karriere in einem Spital und übernimmt eine Praxis für Haut- und Geschlechtskrankheiten. Er arbeitet hart, um die Familie zu ernähren und den gehobenen Lebensstil zu halten. Die Mutter braucht eine Köchin, eine Haushälterin und ein Kindermädchen. Sie braucht einen Salon und ein Speisezimmer. Die Kinder bekommen kein Zimmer. Der Vater bleibt im Hintergrund, ist introvertiert, abwesend, abweisend. Katalin buhlt jahrelang – „wie ein Hund", sagt sie heute – um seine Aufmerksamkeit. Keine Zuwendung, er beachtet sie nicht.

Katalins Mutter wurde unehelich geboren und hatte einen schweren Start ins Leben. Sie war eine Schönheit, wollte Schauspielerin werden. Die Schwangerschaft zerstörte ihre Pläne, ihre Träume.

Katalin! Nun soll Katalin alles erreichen, was der Mutter verwehrt war. Sie will ihr die Sterne vom Himmel holen. Sie schleppt das Kind von einem Schönheitswettbewerb zum anderen. Die Mutter liebt das Kind abgöttisch, wenn sie die Schönste, die Beste ist. Wenn nicht, wird sie bestraft und geohrfeigt. Katalin lacht nie, sie kann nicht lachen. Eine Kindheit, wie sie andere erleben, lernt sie nicht kennen. „Weißt du, die Mutter bedeutet im Leben eines Kindes die Geborgenheit, die Wiege, das Nest – der Vater hingegen das Rückgrat, das Selbstvertrauen und die Wegweisung. Beides habe ich nicht gehabt."

Katalin beginnt spät zu sprechen. Aber sie kann singen. Sie sitzt in ihrem Kinderstuhl, das Radio läuft den ganzen Tag und sie singt alle Melodien mit. Der Wendepunkt in Katalins Leben kommt unerwartet. Im Feriendomizil der Familie bereiten Kinder eine Aufführung vor. Sie lernen Gedichte und Lieder und schlagen Purzelbäume. Aber Katalin sitzt bei dem Orchester, das jeden Tag zum Fünf-Uhr-Tee aufspielt, zu Füßen des Schlagzeugers. Die Kinderbetreuerin bestimmt: „Katalin soll singen". Der Schlagzeuger muntert sie auf „Sing doch den Papageientanz von Josephine Baker." Sie steigt auf die Bühne, beginnt unbeschwert zu singen und zu tanzen.

Die Zuschauer sind gebannt, fassungslos hört die Mutter zu. Der Beifall ist überwältigend. Eine große Budapester Zeitung schreibt: „Katalin Fenyes ist eine so seltene Begabung, wie wir sie bei einem Kind noch nicht erlebt haben." Katalin ist elf Jahre alt. Sie tritt weiter bei Wohltätigkeitsveranstaltungen und in Schulen auf. Der Abendkurier schreibt: „Glanz und Höhepunkt war das Auftreten von Katalin Fenyes. Dieser Kinderstar hat eine derartige Soubrettenbegabung, wie wir es in den letzten Jahrzehnten nicht erlebt haben." In diesem Moment wird das Singen zum Mittelpunkt ihres Lebens.

Die Mutter hat jetzt nur noch ein Ziel vor Augen. Katalin soll ein Star werden, reich und berühmt, ein Ziel, das sie selbst nicht erreichen konnte. Die Tage sind angefüllt

Nach dem ersten Auftritt beginnt die Dressur.

mit Gesangs- und Tanzunterricht, Ballett, Reiten und Fechten wird bis zum Umfallen trainiert. Katalin wird dressiert wie ein Hund. Wenn man sie auf einen Stuhl setzt, bleibt sie solange sitzen, bis sie aufgefordert wird, etwas anderes zu tun. Manchmal versucht sie, diesem Leben zu entkommen. „Ich habe in meinen jungen Jahren unerklärliche Dinge gemacht. Ich bin auch von zu Hause ausgerissen, Bis heute fehlt mir die Erklärung dafür."

Katalin bricht ihre Schullaufbahn ab. Sie soll an einer Theaterakademie weiter Schauspiel und Gesang lernen. Da fällt der erste Schatten auf Katalins Leben. Ungarn sympathisiert mit den Nationalsozialisten. Gesetze treten in Kraft, die den Juden den Besuch von Universitäten, Hochschulen und Akademien untersagen. So bekommt sie privaten Schauspielunterricht.

Ihr Theaterdebüt als Soubrette erlebt Katalin mit 15 Jahren. Die Premiere wird ein Riesenerfolg. Monatelang wird gespielt, dann wird die Truppe nach Italien eingeladen. Sie begegnet dem Kronprinzen Umberto. Nach der Vorstellung lädt er sie zu einem Galadiner ein. Sie sitzt neben ihm. Zum Abschied wünscht er ihr alles Gute und streichelt ihre Wange.

In Ungarn häufen sich Übergriffe auf Juden. Die Mutter will, dass Katalin ihre Karriere fortsetzt. Wenn nicht in Ungarn, dann woanders. Ein Agent vermittelt sie nach Kopenhagen in das berühmte „Hotel d'Angleterre". Ein Desaster. Der Direktor sagt nach ihrem ersten Probeauftritt: „Du hast kein internationales Repertoire, ein Kindergesicht und Babyspeck." Er drückt ihr als Trost eine Wochengage in die Hand und sie steht mit ihrem Koffer auf der Straße.

Sie ist 16 Jahre alt und noch nie in ihrem Leben hat sie einen Schritt ohne ihre Mutter getan. Aber sie hat Glück. Studenten sprechen sie an, bei einer Familie kann sie bleiben. In ihren Briefen verschweigt sie der Mutter ihr Dilemma und berichtet stattdessen von großen Erfolgen. Nach eineinhalb Jahren bricht der Zweite Weltkrieg aus, sie muss Dänemark verlassen und fährt zurück nach Budapest.

Bei meinem zweiten Besuch gibt mir Katalin eine CD mit einigen Kostproben aus ihrer Vergangenheit. Zu Hause lege ich die CD ein. Es sind Freunde da. Einer liest Zeitung, andere unterhalten sich, einer zappt durchs Fernsehprogramm. Als erster legt der Jazzfan seine Zeitung weg: „Was für eine Stimme!". Als die „Yiddische Momme" erklingt, hören die Unterhaltung und das Zappen auf. Alle lauschen dem Gesang. „Wer ist das?" „Das ist Katalin Fenyes."

Katalin auf dem Höhepunkt ihrer Karriere

In Budapest tritt Katalin wieder auf. Sie wird ein Star, wird bewundert und hofiert. Aber sie muss nach der Pfeife der Mutter tanzen. Katalin flieht in Liebschaften, Eroberungen und kurze folgenschwere Beziehungen. Erfolgreich, schön und begehrenswert spürt sie erstmals eine Macht. Sie kann mit den Männern machen, was sie will. Und doch muss sie mit ihren 20 Jahren noch zu Hause wohnen. Kommt sie zu spät, setzt es Ohrfeigen. Es wird unerträglich. Groll und Wut erfüllen Katalin.

Sie weiß, nur durch eine Heirat kann sie diesem Terror entkommen. Sie schaut sich nach einem geeigneten Mann um und macht ihm einen Heiratsantrag. Es gelingt beim ersten Anlauf. Er gehört zu ihren großen Bewunderern, ist Jude, 30 Jahre älter und nicht unbedingt eine Schönheit. Er hatte die Produktion des weltweit berühmten Marillenschnaps „Barack Pálinka" gegründet. Im Budapester Nachtleben schmeißt er Runden, der Sekt fließt in Strömen. Heimlich wird geheiratet. Mit 21 Jahren wird Katalin schwanger. Die Mutter erfährt davon und setzt nun alles daran, die Ehe zu zerstören. Sie berichtet Katalins Ehemann von dem Vorleben seiner Gattin und übertreibt dabei maßlos. Aber sie erreicht ihr Ziel.

Katalin erzählt von ihrer ersten großen Liebe. „Ich war frühreif und habe mich mit 13 Jahren in einen Jungen aus gutem Hause verliebt. Meine Mutter ließ mich beschatten und setzte meinem Freund das Messer auf die Brust. Er sollte mich heiraten. Da hat er die Beziehung abgebrochen. Mein Bitten war vergeblich. Es war vorbei."

Die Ehe wird in einer Schlammschlacht geschieden. Katalin muss das Kind alleine zur Welt bringen. Zwei Stunden nach der schweren Geburt fallen die ersten Bomben auf Budapest, Sirenen ertönen, Flakgeschütze donnern. Katalin ist alleine, verzweifelt, hat Angst. Das Neugeborene hört nicht auf zu schreien. Sie überlässt das Kind der Mutter. Katalin ist der Rolle einer Mutter nicht gewachsen, wird es nie sein. Sie muss Geld verdienen, sie bekommt keinen Unterhalt. Katalin glaubt heute zu wissen, dass die Umstände der Geburt ein Omen für die spätere schlechte Beziehung zu ihrer Tochter waren.

Der Vater muss untertauchen, lebt im Keller, um nicht deportiert zu werden. Katalin muss arbeiten, um die Familie zu ernähren. Noch kann sie, wenn auch unter erschwerten Umständen, auftreten. Sie will den Judenstern nicht tragen, legt sich ein Pseudonym zu, aber der Schwindel fliegt auf. Jetzt muss sie auch untertauchen. Allen Juden wird 1942 der Pass abgenommen. Sie hat keine Identität mehr.

Das dunkelste Kapitel ihres Lebens beginnt. Geht sie nach Hause, gefährdet sie ihre Familie. So schläft sie jede Nacht an einem anderen Ort. Sie hat Angst, Albträume. Dann findet sie bei einer Frau und deren Freund Unterschlupf. Da beginnt die Hölle. Der Mann ist Nazi und Zuhälter. Sie ist Drohungen und Demütigungen ausgesetzt und Wehrmachtssoldaten, die nachts über sie herfallen.

Kati ist erschöpft. Die Erinnerungen holen sie ein. Sie unterdrückt ihre Tränen. Sie kann nicht weitersprechen. „Ich muss mich jetzt ausruhen." Wir brechen das Gespräch ab.

Endlich kann sie fliehen und versteckt sich bei einer Freundin. Eines Abends fällt den beiden etwas Absurdes ein. Sie wollen ausgehen, in die Höhle des Löwen, in das „Hotel Hungaria", in das Hauptquartier der Wehrmacht. Es gelingt ohne Zwischenfall. Ein Mann in Zivil, ein Deutscher, kommt an den Tisch und lädt die beiden zu einem Cognac ein. Sie unterhalten sich gut. Zur Sperrstunde bietet er den jungen Frauen an, sie mit einem Taxi nach Hause zu bringen. Er fragt nach Katalins Adresse. „Bringen Sie mich in die Hölle, ich bin Jüdin." Er ist für den Lebensmitteltransport an die Front verantwortlich. Sie wird seine Assistentin. Unerkannt gehen sie ins Ghetto und ins Arbeitslager, holen Juden heraus, verstecken sie zu Hause. Solange er kann, wird er Katalin beschützen.

1945 ist der Krieg zu Ende. Die Alliierten sind in Budapest und mit ihnen kommen die Amerikaner. Katalin hatte von ihrer Nurse Englisch gelernt. Die Amerikaner engagieren sie für ihre Clubs. Die Begeisterung ist groß. Ende 1947 müssen sie wieder abziehen.

Ihre Blitzkarriere ist zu Ende. Ungarn wird kommunistisch und der Antisemitismus beginnt von Neuem. Sie ist eine „persona non grata" und wird zur imperialistischen Kollaborateurin erklärt. Ihr droht das Arbeitslager und die anschließende Verschleppung nach Sibirien. Ein Patient ihres Vaters besorgt ihr falsche Papiere. Am 5. Dezember 1947 verlässt sie Ungarn bei Nacht und Nebel in Richtung Schweiz.

In Zürich bleibt sie drei Tage, sie hat nur ein Durchreise-Visum. Ihre Hoffnung richtet sie auf Belgien. Überraschenderweise erhält sie ein Touristenvisum. Sie kennt dort einen ungarischen Agenten. In einem der größten Nightclubs von Brüssel erhält sie nach zehn Minuten einen Vertrag. Eineinhalb Jahre bleibt sie im „Broadway". Als Starsängerin hat sie drei Auftritte pro Abend.

Katalin in Zürich

Ihre Gage ist hoch. Eine Zeitung schreibt: „Es ist erstaunlich, dass so ein kleines Land wie Ungarn so viele herausragende Künstler besitzt."

Aber die Uhren laufen unerbittlich weiter. Täglich erscheinen Beamte, die ihre Ausweisung ankündigen, wenn sie nicht ihren Pass verlängert. Das geht aber nicht. Die ungarische Vertretung würde sie nicht als freier Mensch verlassen. Noch drei Tage Gnadenfrist. Ihren letzten Auftritt besucht eine große Delegation der Shell-Company. Der Direktor bittet sie nach der Vorstellung an seinen Tisch und fragt sie nach ihren weiteren Plänen. Katalin berichtet von ihrer drohenden Ausweisung.

Er wird nachdenklich: „Dann nehme ich Sie mit in die Schweiz und Sie treten bei unserem nächsten Kongress am Vierwaldstättersee auf." Er besorgt ihr ein Ausreisevisum. Am nächsten Morgen verlassen beide unbehelligt in seinem Straßenkreuzer Belgien, fahren durch Deutschland in die Schweiz. Wieder hatte sie Glück.

In der Schweiz trifft Katalin Musiker, die sie aus Ungarn kennen. Das Leben scheint unbeschwert. Aber um Verträge zu bekommen, braucht sie eine Aufenthaltsgenehmigung. Wie soll das gehen mit ihrem abgelaufenen ungarischen Pass? Ein Schweizer Jazzmusiker mit einem legendären Ruf rettet sie. Er legt den Behörden überzeugend dar, dass sie für sein Orchester unersetzlich ist. Sie bekommt eine Aufenthaltsgenehmigung und einen Fremdenpass.

In St. Gallen trifft sie ihren zweiten Ehemann, einen betuchten Zahnarzt und heiratet ihn im Mai 1939. Sie erhält die Schweizer Staatsangehörigkeit. Die Ehe verläuft unglücklich. Katalin hatte sich in ihrer Wurzellosigkeit ein Heim, ein Nest gewünscht. Er sperrt sie ein, sie darf nicht auftreten, nicht singen.

Katalin erkrankt an einer schweren Tuberkulose. Zwei Jahre bleibt sie in einem Sanatorium in Arosa, bis sie wieder gesund ist. „Die zwei wunderbaren Jahre auf dem Zauberberg waren vielleicht die wichtigsten in meinem Leben. Der auslösende Punkt war meine Krankheit, durch die ich mein Leben hätte verlieren können. Den Wendepunkt brachte aber die Begegnung mit dem Spirituellen."

Sie kehrt zu ihrem Mann zurück, der sie mit dem Vorwurf erwartet, sie habe ihm ihre jüdische Abstammung verschwiegen. 1954 folgt die Scheidung und Katalin ist wieder frei. Sie muss wieder einmal von vorne anfangen, aber sie kann Fuß fassen. Sie begegnet einem Amerikaner aus der Musikwelt, bricht alle Brücken ab und folgt ihm nach New York. Sie hofft auf eine Karriere. Aber das ist eine Illusion. Sie packt ihre Koffer und fliegt mit dem letzten Geld wieder nach Europa.

Die Schweiz war in puncto Showbusiness nicht interessant. Alle Insider wussten, dass in München die Fäden des Showbusiness zusammenliefen. 1962 wird München ihr neuer Wohnsitz. Sie lebt in einem Künstlerviertel in der kleinen Pension „Adria". Dort verkehren nur Schauspieler, Opernsänger, Artisten und Entertainer. So lernt sie auch die Familie Schell kennen und befreundet sich mit Immy. Aber Katalins Karriere geht nicht weiter. Zu viel Neid, Eifersucht und Ellenbogen sind im Spiel.

Katalin befindet sich in einer schlimmen seelischen Verfassung, als sie einen alten Freund trifft, der sie für ein paar Tage an die italienische Riviera einlädt. Sie sitzt mit ihm im Restaurant des Hotels, da tritt ein junger Mann ein: Christian. Er feiert mit seiner Familie seinen 22. Geburtstag. Die Augen der beiden treffen sich. Katalin hat die Vierzig bereits überschritten.

Christian beginnt sein Studium in München. Sie verabreden sich, gehen in das Appartement seines Onkels und bleiben zusammen. Das war nicht im Sinne seiner Familie. Eine ältere Frau mit jüdischer Abstammung, eine Sängerin. Sie unternehmen alles, um die beiden zu trennen. Ihren Intrigen folgen Anzeigen bei den Behörden, sie wird der Wirtschaftsspionage bezichtigt.

„Es war schrecklich. Man hat mich regelrecht gejagt. Dauernd musste ich bei den Behörden vorsprechen und mich alle drei Monate im Polizeipräsidium melden. Ich hatte mich schon mit einer baldigen Ausweisung abgefunden. Aber dann hatte Christian die rettende Idee."

Sie heiraten im Mai 1969 und in Katalins Leben beginnt ein wunderbarer Abschnitt. Christian ist der Mensch, dem sie alles anvertrauen kann. Die Gewalttätigkeiten, die Demütigungen, die Ängste, alles was sie über viele Jahre verdrängt, aus ihrem Leben getilgt zu haben glaubte. Christian ist ihre Rettung, ihr ganzer Halt. Er führt sie in die Welt, in die sie sich schon als Kind hinein geträumt hatte. Die Astrologie, Gott, die Mystik, das Spirituelle. Ein neues Leben beginnt an seiner Seite.

Gemeinsam studieren sie Psychologie, vertiefen ihre astrologischen Kenntnisse, beschäftigen sich mit dem Buddhismus und chinesischer Medizin. Sie beraten Menschen, die in Schwierigkeiten sind und einen neuen Lebensweg suchen. Ein gemeinsames Leben, dessen Erfüllung sie heute noch ausstrahlt.

„Er hat mich gelehrt, dass ich meine Vergangenheit nicht einfach ablegen kann. Ich habe es sehr lange getan und konnte keine Gefühle erwidern oder empfinden. Christian hat mir geholfen, mich nicht mehr als Wrack zu fühlen, sondern wieder wie ein Mensch zu leben, zu lieben, glücklich zu sein."

1964 erfährt ihr Leben einen neuen Wendepunkt. Sie wird zu einem Gastspiel nach Budapest eingeladen. Eine innere Stimme warnt sie, aber die Versuchung ist zu groß. Sie trifft ihre Tochter. Als kleines Kind hatte sie sie zurückgelassen und nun begegnet ihr eine eigenständige junge Frau. Problematische Tage folgen, das Annähern fällt schwer, gelingt nicht. Bald darauf erhält die Tochter ein Visum und fährt zu ihrer Mutter nach München. Beide versuchen, freundlich miteinander umzugehen. Aber sie werden keine Freundinnen und Katalin spürt, dass ihre Tochter sie hasst. Was soll sie antworten auf ihre Vorwürfe?

„Warum hast du mich zurückgelassen? Warum bist du nicht bei mir geblieben? Du warst meine Mutter, ich dein Kind." Wenn Katalin erklärt, dass sie fliehen musste und ihr Leben in Gefahr war, hält die Tochter das für einen Vorwand. Sie verschwindet, heiratet einen älteren Mann, bekommt zwei Kinder, der Kontakt bricht ab. Sie stirbt früh an Krebs.

Katalin wird traurig: „Nicht ein einziges Mal durfte ich meine Enkel sehen." Einige Tage später ruft sie mich ganz aufgeregt an. „Uta, stell dir vor, der Herrgott hat es gut mit mir gemeint. Meine Enkelin hat angerufen."

Haare ab – Katalin beschließt nie wieder zu singen.

Zurück zum Auftritt in Budapest. Das Gastspiel geht unter. Die Medien berichten: „Die amerikanische Sängerin Katalin Fenyes kommt zu einem Auftritt nach Budapest." Jeder weiß, wer Katalin Fenyes war, aber sie darf nur amerikanische Lieder singen. Ihre Mutter schimpft: „Du mit deinem amerikanischen Zeugs".

Nach ein paar Tagen wird sie zu einem Verhör geladen und erfährt, dass die Schweizer Staatsangehörigkeit in Ungarn nicht anerkannt wird. Sie sei immer noch Ungarin. Die Beamten machen ihr ein Angebot: Sie soll für den ungarischen Geheimdienst arbeiten und würde viele Privilegien genießen. Bei der ersten Gelegenheit setzt sie

Der letzte Auftritt in Budapest im Jahr 1992

sich in den Orient Express und fährt zurück nach München. Sie beschließt, nie mehr zu singen, nie mehr eine Bühne zu betreten.

27 Jahre hält Katalin durch, bis sie 1991 ein Anruf aus Budapest erreicht. Katalin ist 70 Jahre alt. Sie wird zu einem Auftritt am Plattensee eingeladen. Ein großer Erfolg, stundenlange Signierstunden. Eine Zeitung schreibt: „Eine Legende ist heimgekehrt … Wir haben Katalin Fenyes wiederentdeckt." 1994 erscheint ihre letzte Platte.

„Weißt Du, ich würde heute noch auftreten und singen. Ich bräuchte ein schönes Kleid und müsste zum Friseur gehen." Sie tänzelt herum und singt „Somewhere over the rainbow".

Christian ist vor zwei Jahren nach langer Krankheit gestorben. Sie hat ihn bis zum letzten Tag umsorgt und gepflegt. „Ich vermisse Christian jeden Tag, jede Stunde. Oft fühle ich mich einsam. Ich bin jetzt über 90, fast blind, habe oft Kieferschmerzen und die Schulter tut mir seit einem Unfall weh. Aber das Leid gehört zu unserem Leben wie die Liebe. Ich habe Freunde, die mich besuchen. Ich habe ein Dach über dem Kopf. Ein Dach über einer schönen Zweizimmerwohnung. Und ich habe seit Kurzem eine wunderbare Helferin, Julischka. Als wir uns begegneten, war das wie ein Déjà-vu-Erlebnis. Sie ist eine gute Seele, das Leben ist viel leichter geworden. Alles ist bezahlt, die Wohnung, die Krankenkasse, die Heizung. Wenn das Geld für meine Phyiotherapie nicht mehr reicht, überfallen wir eine Bank." Sie lacht. Sie hält inne und sagt dann leise „Dass Gott mich aufnimmt, wenn ich gehe, das ist mein Wunsch."

Katalin lächelt.

aufgezeichnet von Marianne Steffen

Bruni B. –
Die Frau, die die Münchner Atemmaske erfand

Aus der Liste der Menschen, die für dieses Buch vorgesehen waren, hatte ich mir Frau B. ausgesucht. Ich, die ich noch nie zuvor engeren Kontakt mit Menschen gehabt hatte, die – obwohl unübersehbar schwerbehindert – aktiv am Leben teilnahmen, wollte eintauchen in eine mir bisher fremde Welt.

Als ich dann das erste Mal vor der Tür von Frau B. stand, empfand ich Furcht: Würde es möglich sein, eine gemeinsame Sprache zu finden? Und das war in der Tat (zumindest zu Anfang) ein Problem. Dazu ein Beispiel: Für mich war es normal zu denken, dass ein Mensch, der im Rollstuhl sitzt, unter seiner Krankheit „leidet", sie belehrte mich jedoch, dass ich gar nicht weiß, ob er leidet und daher besser sagen und denken solle, dass er eine Behinderung „hat".

Hippokrates: „Der Arzt soll und darf nichts anderes tun, als Leben zu erhalten. Ob es ein Glück oder Unglück sei, ob es Wert habe oder nicht, dies geht ihn nichts an." [1]

Jetzt, wo ich die Freude hatte, Frau B. näher kennengelernt zu haben, verdanke ich ihr einen Blick in eine mich faszinierende und bisher fremde Art, zu empfinden und zu denken. Ich möchte Sie, die Leser, einladen, mit mir gemeinsam in diese Welt einzutreten.

Und so begann es: Ich klingle an der Tür von Frau B., die, in ihrem Rollstuhl sitzend, mich freundlich lächelnd empfängt, mich an ihren Esstisch geleitet und mir ein Getränk anbietet.

Was wird sie mir aus ihrem Leben berichten?

Bruni B.

Leben mit der eisernen Lunge

Frau B. wurde im Juli 1955 in München geboren. Im Alter von drei Jahren erkrankte sie an Kinderlähmung. Obwohl sie anfangs einschließlich der Atemmuskulatur vollständig gelähmt war und nur durch einen Luftröhrenschnitt und künstliche Beatmung überleben konnte, kann sie sich heute an diese erste Zeit der Bewegungslosigkeit kaum noch erinnern, wobei sie selbst vermutet, dass sie diese Erinnerungen verdrängt hat.

Sehr wohl erinnert sie sich aber an das Training, mit dem in den folgenden eineinhalb Jahren an der Reaktivierung der gelähmten Muskeln (bzw. an deren Ersatz durch andere Muskeln) gearbeitet wurde. Sie sagt dazu: „Man wusste es damals nicht besser, aber eigentlich wurde immer verlangt, in den Übungen nicht nur bis an die eigene Grenze zu gehen, sondern darüber hinaus, sodass dadurch Muskeln und Nerven stark überbeansprucht wurden."

Als Folge dieses harten Trainings konnte Frau B. jedoch nach eineinhalb Jahren in der Polio-Station des Schwabinger Krankenhauses wieder nach Hause zu ihrer Familie, das heißt zu ihren Eltern und dem älteren Bruder zurückkehren. Dort besuchte sie dann auch ganz normal die Grundschule.

Die permanent zu stark beanspruchten Muskeln und Nerven waren dann aber die Ursache dafür, dass sie mit elf und zwölf Jahren immer öfter Atemwegsinfektionen hatte, denen mehrere Lungenentzündungen folgten. Als sie schließlich kaum noch Luft bekam, einen „völligen körperlichen Zusammenbruch" erlitt und dadurch in Lebensgefahr war, musste sie zurück ins Schwabinger Krankenhaus und kam sofort in die Eiserne Lunge (= EL).

Ich wollte wissen, wie das ist: Man liegt – hermetisch abgeschlossen – in dem Gerät, das durch Druck den Brustkorb hebt und senkt. Nur der Kopf ist frei. Sie sagt dazu: „Man kann sich mit den Händen zwar den Bauch kratzen, nicht aber ein Buch halten – an Lesen denkt man sowieso nicht, sondern nur an die Versuche wieder selbstständig zu atmen."

Frau B. sagt weiter: „Nach einiger Zeit konnte ich zumindest tagsüber stundenweise raus aus der Eisernen Lunge. Selber atmen ist verdammt anstrengend und so freute ich mich in der ersten Zeit des selbstständigen Atmens abends auf meine EL, denn darin bekam ich ohne eigene Anstrengung genügend Luft und konnte gut schlafen." Erst nach zwei Jahren konnte sie das Krankenhaus wieder verlassen.

Schulzeit

Da es nicht denkbar war, mit einer eisernen Lunge nach Hause zurückzukehren, besuchte Frau B. die Krankenhausschule und bestand, nachdem Frau Dr. Vieregg[2] ehrenamtlich einige wissbegierige Schüler unterrichtet hatte, die unbedingt in eine weiterführende Schule gehen wollten, nach der 6. Klasse – als Externe – die Aufnahmeprüfung an einer nahegelegenen Realschule. Obwohl ihre Eltern die Schulleitung dieser Realschule davon überzeugen konnten, dass Frau B. dem Besuch eines „normalen" Unterrichts körperlich gewachsen war, verbot ihr die Stationsärztin den Besuch einer Schule außerhalb des Hauses, da sie davon überzeugt war, dass sie dadurch körperlich total überfordert sein würde.

Frau B. sagt weiter: „Überhaupt herrschte unter Ärzten die Meinung, wir schweren ‚Polios' würden sowieso nicht lange überleben. Und das wurde auch unverblümt unse-

Eiserne Lunge

ren Eltern bzw. Angehörigen gesagt." Und sie fährt fort: „Zum Glück gab es aber auch Menschen, die wussten, dass unser Kopf ‚normal' funktionierte und die uns – unabhängig davon, wie lange wir nun nach Meinung der Ärzte noch leben würden – sehr viel zugetraut haben und uns ermöglichen wollten, ein Leben zu führen, das unseren Wünschen und Fähigkeiten entsprach. Sie haben an uns geglaubt und viel mehr von uns gehalten als die meisten Ärzte."

Und so wurde durch die unermüdlichen Anstrengungen von Frau Dr. Vieregg an der Pfennigparade[3] für acht schwerstbehinderte Atemgelähmte eine private Realschule eingerichtet, sodass Frau B. Schülerin dieser ersten Realschulklasse werden konnte (Der Unterricht wurde nebenberuflich von Realschul- aber auch Gymnasiallehrern abgehalten, oft auch am Nachmittag). 1972 bestand sie mit der „Pionierklasse" vor einem externen Prüfungsausschuss erfolgreich den Realschulabschluss.

Doch schon vorher entschieden die Prüfungskandidaten gemeinsam mit Frau Dr. Vieregg, dass sie weiter in eine neu zu gründende Fachoberschule gehen wollten und tatsächlich gelang es, für die in der Pfennigparade lebenden Schüler auch eine Fachoberschule einzurichten. 1974 beendeten dann Frau B. und sieben andere Schüler erfolgreich die Fachoberschule mit dem Fachabitur, wieder als Pionierklasse.

Obwohl Frau B. gern an ihre Schulzeit zurückdenkt, vermute ich, dass sie froh und stolz war, als sie das Fachabitur bestanden hatte, denn mit dem Schulabschluss war eine Hürde geschafft, an der auch manch gesunder Schüler scheitern kann.

Auszug aus der Klinik in den Wohntrakt der Pfennigparade

Was die Wohnsituation der Schüler anging, so freuten sich alle, dass 1969 das erste Haus der Pfennigparade fertig wurde. Die Schüler konnten aus dem Krankenhaus entlassen werden, zumal sowohl der Unterricht an der Realschule als auch der an der späteren Fachoberschule unten in dem Haus stattfand, in dem die Wohngruppen untergebracht waren.

Einige konnten trotz Eiserner Lunge, Schaukelbett oder Beatmungsgerät sogar zusammen mit ihren Familien in den Wohnungen der Pfennigparade leben.

Andere – wie Frau B. – zogen mit Krankenpflegepersonal und erstmals auch mit Zivildienstleistenden (damals Ersatzdienstleistenden) in die „Beatmungsstation", das heißt in einen Wohntrakt der Pfennigparade für Menschen mit Atemlähmungen.

Sie sagt dazu: „Uns alle beflügelte die neue Situation und wir entdeckten die ‚Welt': Zuerst München und langsam immer weiter weg bis schließlich nach Österreich, Frankreich und sogar Holland. Und das nicht in Massenausflügen wie mit dem ‚Sonnenzug'[4], sondern alleine oder auch zu zweit. Natürlich mussten wir kämpfen, nur mit ‚Zivis' rausgehen zu können … Aber wir waren zum großen Teil volljährig und wollten – endlich – die Welt kennenlernen, trotz aller Gefahren und Einschränkungen und des großen Aufwandes an Organisation, denn nach wie vor waren nur Zielorte möglich, an denen es (in einem Krankenhaus oder einem Heim) eine Eiserne Lunge gab, die dann uns Gästen auch zur Verfügung gestellt werden konnte."

Berufsausbildung und Berufstätigkeit

Nach Abschluss der Schulzeit – Frau B. war damals 19 Jahre alt – stellte sich die Frage: Was jetzt? Frau B. begann – obwohl sie sich eigentlich nicht besonders dafür interessierte

– ein Studium der Sozialpädagogik an der Stiftungsfachhochschule. (Mit dem Taxi hin, mit dem Taxi zurück und nach wie vor in der Wohngruppe betreut von Zivis.) Den Kontakt mit den Zivis beschreibt sie als sehr bereichernd, denn schließlich waren dies auch junge Menschen mit Träumen, die am Beginn eines selbstbestimmten Lebens standen. Mit einigen von ihnen entwickelte sich sogar eine tiefe Freundschaft, die heute (nach 40 Jahren) immer noch Bestand hat.

Einer der Zivis wollte Verlagsbuchhändler werden und im Gespräch mit ihm entdeckte auch Frau B., die immer schon gern gelesen hatte, ihre Liebe zu diesem Beruf.

Aber wer nimmt einen Menschen mit Behinderung? Sie schrieb mehr als 50 Bewerbungen, bekam schließlich im Kösel-Verlag eine Lehrstelle und war froh, das ungeliebte Studium der Sozialpädagogik nach dem 2. Semester beenden zu können.

Sie machte eine Lehre wie alle anderen auch und da der Kösel-Verlag für seine Lehrlinge nicht einen wöchentlichen Berufsschultag vorgesehen hatte, sondern eine Blockbeschulung an der Buchhändlerschule in Frankfurt, fuhr sie (von ihren Eltern gebracht) auch dorthin zum Unterricht. Permanent an ihre Grenzen zu gehen

> Gerade, wenn du behindert bist, musst du versuchen, besser zu sein als alle anderen

– und wenn möglich über sie hinaus – war ihr ja seit dem 3. Lebensjahr „Routine", einschließlich der Bereitschaft immer das Beste zu geben.

Aber der Körper lässt sich nicht unendlich überlisten. Frau B. erkrankte während der Lehrzeit, musste aussetzen, schaffte es aber dennoch, die Lehre nach zweieinhalb Jahren erfolgreich abzuschließen. (Als Fachoberschulabsolventin hatte sie – trotz ihrer Behinderung! – das Recht auf eine verkürzte Lehrzeit wahrgenommen.) Nach Ende der Lehrzeit wurde sie nicht übernommen, weil der Verlag keine freien Stellen hatte. Auch die anderen Lehrlinge mussten ausscheiden.

Nach längerer Suche fand sie eine Anstellung in einem anderen Verlag und zwar im Vertrieb (Aufträge, Reklamationen, Rechnungsstellung usw.). Um erneute – durch Überbelastung entstehende – Erkrankungen zu vermeiden, arbeitete sie nur noch halbtags.

Dann aber wurde der Verlag umstrukturiert, bekam einen neuen Geschäftsführer und verlegte die vormals ebenerdigen Büroräume in den dritten Stock. Das Arbeitsklima verschlechterte sich, sehr viele Mitarbeiter gingen fort und schließlich auch Frau B. Sie hatte vier Jahre dort gearbeitet und wäre – unter den alten Bedingungen – gern dort geblieben, aber der Ausspruch des neuen Geschäftsführers, es wäre doch schließlich egal, ob man Bücher oder Schrauben verkaufte und die permanente Überforderung durch den Aufstieg zum dritten Stock, gaben schließlich den Ausschlag dazu, dem Verlag zu kündigen.

Frau B. bewarb sich bei anderen Verlagen, aber ihr körperlicher Zustand verschlechterte sich weiter. Und obwohl sie sich – wie auch viele andere – bislang weitgehend über Leistung definiert hatte, musste sie einsehen, dass sie nicht mehr in der Lage war, ihren Beruf auszuüben, da er ihr zu viel Kraft raubte. Sie beantragte die Erwerbsunfähigkeitsrente, die ihr ab 1983 auch gewährt wurde. Frau B. war damals 28 Jahre alt.

Nun, da sie nicht mehr gezwungen war, in Institutionen Dinge zu tun, die andere für wichtig hielten, beginnt der Teil ihres Lebens, in dem Frau B. wirklich Einzigartiges leistete.

Einzug in eine eigene Wohnung

Schon während ihres Studiums hatte Frau B. den Wunsch gehabt, aus dem Gebäude der Pfennigparade auszuziehen. Denn wenn auch die Wohngruppe – gemessen an den Bedingungen der Klinik – den Jugendlichen und jungen Erwachsenen viel mehr Freiheit geboten hatte, erlebte Frau B. die Einschränkungen, die man in einem Heim in Kauf nehmen muss, in zunehmenden Alter als immer drückender und schließlich als unerträglich.

„Es wird geregelt, wann man auch als Erwachsener aufstehen und zu Bett gehen muss, und sogar, wann es Zeit ist zu pinkeln. Der Nachtdienst kann – oder will – nicht fünf Leute ins Bett bringen und es gibt zu wenig Personal, um auch gelegentlich einmal „Sonderwünsche" zu erfüllen. Dies kann kein Zustand sein, der für den Rest des Lebens zufrieden macht."

Auch die Behinderten haben das Recht auf ein erfülltes, selbstbestimmtes Leben

Der erste schwerstbehinderte Patient, der sich Ex-Zivildienstleistende suchte, die bereit waren, mit ihm und seiner Freundin in einer Wohngemeinschaft zu leben und ihn dort zu versorgen, bekam es noch mit der Polizei zu tun. Er war ohne Zustimmung aus dem Wohnheim der Pfennigparade ausgezogen und nahm, da er sie brauchte, seine Eiserne Lunge mit. Und was passierte? Die Pfennigparade reagierte mit einer Diebstahlsanzeige und schickte ihm die Polizei, da er eine EL gestohlen hätte. Zum Glück jedoch zogen die Polizisten nach Klärung des Sachverhaltes verständnisvoll wieder ab.

Frau B. schaut dankbar auf ihre „Pfennigzeit" zurück, denn damals wurden Möglichkeiten eröffnet, die für behinderte Menschen neu waren. Aber die Zeit schreitet fort und so war Frau B. der zweite Patient mit einer Atemlähmung, der aus dem betreuten Wohnen der Pfennigparade in eine eigene Wohnung zog, und bei ihr ging es bereits friedlicher zu.

Sie teilte sich – mit dem Segen der Institution – eine Dreizimmerwohnung, in der sie bis vor zwei Jahren gewohnt hat, mit einer Krankenschwester der Pfennigparade, die sie seit vielen Jahren kannte und mit der sie befreundet war.

Das Postpolio-Syndrom[5]

Frau B. bemerkte, dass es vielen ihrer Freunde, die auch an Polio erkrankt waren und mit ihr zusammen in der Pfennigparade gewohnt hatten, nach einer Phase des „relativen Gutgehens" wieder schlechter ging und dass diese plötzlich starben. Und die Frage drängte sich auf: „Warum passierte das? Bin ich selbst – der es ja auch schlechter geht als früher – vielleicht die Nächste?"

Dann hörte sie über einen Bekannten, der trotz seiner Atemlähmung in Amerika studieren konnte und auch nach dem Studium dort lebte, dass dort, wo die Polio-Epidemie früher als in Deutschland ausgebrochen war (nämlich schon Ende der 1940er Jahre), dasselbe passierte: Viele an Polio erkrankte Menschen starben aus unerklärlichen Gründen ca. 30 Jahre nach Ausbruch der Krankheit, obwohl die Krankheit nach Meinung der Ärzte eigentlich zum Stillstand gebracht worden war.

In den USA suchte man nach den Ursachen. Es gibt dort eine sehr aktive Polio-Vereinigung und diese veranstaltete 1981 den ersten Kongress zu dem Thema: „Spätfolgen von Polio".

Frau B. konnte die in der Pfennigparade tätigen Ärzte davon überzeugen, dass sie der geeignete Mensch sei, die Erkenntnisse der Amerikaner nach Deutschland zu bringen. Und so konnte sie im Mai 1983 (als einzige Betroffene aus Deutschland) erstmalig an einem solchen Kongress teilnehmen, der in St. Louis, Missouri veranstaltet wurde.

Auf meine Frage „Wie sind Sie denn dahin gekommen?", antwortet sie lachend: „Na, wie jeder andere Mensch auch: mit dem Flugzeug und mit Begleitperson und finanziell unterstützt durch die Pfennigparade. Ein Atemgerät hatte ich natürlich dort auch zur Verfügung. (Es wurde in den USA angemietet und stand im Hotel bereit.) Aber damals ging es mir noch wesentlich besser als heute, fliegen machte mir – subjektiv – nichts aus und über das Risiko, das aus heutiger Sicht nicht unerheblich war, machte ich mir als junger Mensch nicht so viele Gedanken. Heute wäre mir solch ein Flug nicht mehr möglich."

Der Kongress war ein sehr beeindruckendes Erlebnis, da viele Ärzte, aber vor allem auch viele Betroffene teilnahmen.

Die Entwicklung einer eigenen Atemmaske: das Münchner Modell

Mit den Ergebnissen vom Kongress kam Frau B. dann zurück nach München und stellte ihren Bericht der Pfennigparade zur Verfügung.

Das Wichtigste für sie persönlich war, dass sie auf dem Kongress Atemmasken gesehen hatte, die den Klienten durch den Mund beatmeten. Ihr kam die Idee, dass es doch auch möglich sein müsste, durch die Nase beatmet zu werden, wobei sich allerdings das bis dahin nicht gelöste Problem der Befestigung stellte.

Aber Frau B. wäre nicht die Person, die sie nun einmal ist, wenn ihr zu diesem Problem keine Lösung eingefallen wäre. Und so entwickelte sie eine Atemmaske neuartigen Typs, „die Münchner Atemmaske", die an den Zähnen befestigt werden sollte und die sie durch einen Zahnarzt anfertigen ließ. Es war – nach der Eisernen Lunge und dem Gerät Kürass, bei dem ebenfalls durch Unter- und Überdruck der Brustkorb geweitet bzw. zusammengedrückt wird – das erste Modell in Deutschland, das auch eine Langzeitbeatmung möglich machte und ein echter Durchbruch war.

Mit berechtigtem Stolz erzählt sie, dass sich auch die Zeitschrift „Medical Tribune" für ihre Erfindung interessierte und einen Artikel darüber brachte – samt einem Bild der Erfinderin! In der Zeitung liest man: „Diese spezielle Atemmaske ... vermag die Lebensqualität von Patienten ... und auch das Leben dieser Muskelkranken um Jahre zu verlängern ... Entwickelt wurde sie von einer durch Polio gelähmten Frau (jetzt 32), die damit schon seit drei Jahren selbständig in ihrer eigenen Wohnung leben kann."[6]

Und so benutzt Frau B. selbst seit Ende 1984 – wie später auch viele andere Betroffene – eine von ihr selbst entwickelte Atemmaske; wenn sie krank ist, sogar rund um die Uhr.

Abb. 8: Die MÜNCHNER ATEMMASKE wird nach Maß gefertigt. Maskenbeatmung ist ebenso effektiv wie Beatmung über Trachealknüle.

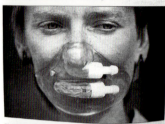

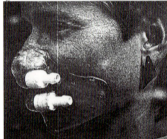

Bruni B. mit der von ihr entwickelten Atemmaske

1985 war Frau B. zum zweiten Mal auf dem Kongress in St. Louis. Auf diesem Kongress konnte sie dann die von ihr entwickelte Atemmaske vorstellen. Die Kongresse in St. Louis fanden zu Anfang alle zwei Jahre statt und Frau B. war insgesamt viermal dabei.

Und ich frage mich, wie vielleicht die Leser auch: Woher nimmt die Frau diese Kraft?

Kongress zu den Spätfolgen von Polio in Deutschland

Das starke Engagement von Frau B. war schließlich auch einer der Anstöße, der dazu führte, dass 1987 die Pfennigparade in Deutschland einen ersten Kongress zu Spätfolgen von Polio und dem Unterbeatmungssyndrom veranstaltete. Als Referenten gab es außer Ärzten aus Deutschland auch solche aus Großbritannien oder den USA und auch Frau B. hielt dort wieder ein Referat über die von ihr entwickelte Maske, was stark beachtet und sogar im Fernsehen gezeigt wurde.

Viele Initiativen entstanden in Anschluss an diesen Kongress, z. B. folgte auch die Gründung des Bundesverbandes Polio e. V. durch eine Journalistin, die selbst betroffen war.

Nach einem zweiten Kongress 1989, den die Pfennigparade veranstaltete, gab es – so Frau B. – „das große Glück", dass sich auch die Lungenfachklinik in Gauting bei München für das Problem der Unterbeatmung interessierte und sich danach in diesem Bereich zu einer der besten Kliniken für Heimbeatmung in Deutschland entwickelt hat.

Es ist ein Irrtum, anzunehmen, dass Unterbeatmung nur bei Polio vorkommt und daher – weil die in den 1950ern erkrankten Patienten bald „aussterben" werden – keine Bedeutung mehr hat. Unterbeatmung kommt bei vielen Muskelerkrankungen vor und auch einer der klügsten Menschen der Welt, der Physiker Stephen Hawking, der an ALS[7] erkrankt ist, würde schon längst nicht mehr leben, wenn er nicht permanent beatmet würde.

Das Ersatzgerät für den Notfall

Aufgrund der Entwicklung der Atemmaske tat sich – quasi von selbst – ein weiteres Arbeitsfeld auf, eine Beratung von Menschen, die – obwohl sie an Polio erkrankt waren – gar nicht wussten, dass als Spätfolge der Erkrankung die Atemmuskelkraft abnimmt. Diese Menschen stellten zwar fest, dass es ihnen immer schlechter ging und dass ihre Kraft und ihre Leistungsfähigkeit sehr rasch abnahmen, aber die von ihnen konsultierten Ärzte erkannten in vielen Fällen die eigentliche Ursache der vielfältigen Symptome nicht. Frau B., die aufgrund der Kongresse über das Unterbeatmungssymptom Bescheid wusste, die ja auch selbst daran erkrankt war und Linderung durch ihre

Atemmaske erfahren hatte, konnte die Menschen durch ihr Beispiel dazu anregen, den gleichen Weg zur Linderung ihrer Beschwerden zu versuchen. Die Nachfrage war groß.

Es ergibt sich jedoch ein weiteres Problem: Was macht man, wenn das Gerät ausfällt und repariert werden muss? Die gängige Meinung der Krankenkassen war, dass der Patient dann eben in ein Krankenhaus, genau genommen in die Intensivstation eines Krankenhauses gehen muss, in dem es Beatmungsgeräte gibt.

Frau B. sagt dazu: „Wenn ich an die Maschine gehe, ist meine Kraft zu atmen erschöpft und nur das Atemgerät verhindert einen lebensbedrohlichen Zustand. Ein Aufenthalt in einer Intensivstation, das heißt die Blockierung eines Platzes dort, ist jedoch im Normalfall nicht erforderlich. Ist ein Bronchialinfekt Ursache der Atembeschwerden, so ist der Ausfall des Geräts sofort lebensgefährlich. Jeder, der einmal stationär im Krankenhaus war, weiß wie lange die Aufnahmeprozedur dauert. In diesem Fall besteht die akute Gefahr, nicht einmal den Aufnahmevorgang zu überleben bzw. wenn dies zeitlich geschafft ist, die exakte Einstellung eines fremden Gerätes, wobei vor allem in geschwächtem Zustand eine Umstellung auf ein neues Atemgerät enorm schwierig ist. Außerdem besteht auch in jedem Krankenhaus die Gefahr von Infektionen … Aber: Mit ‚Exoten' wie mir, sind viele Klinikärzte überfordert."

Ein langer Kampf, sogar ein Prozess mit der Krankenkasse begann, aber schließlich – Frau B. ist eben hartnäckig und hatte schon früh gelernt zu kämpfen – bekam sie ein zweites Gerät. Sie sagt mit Befriedigung: „Ich habe diesen Prozess gewonnen. Man bekommt nur das, was man braucht, wenn man sich mit allem Einsatz dafür engagiert."

Viele der Menschen, die Frau B. ursprünglich wegen Fragen hinsichtlich der Beatmung aufgesucht hatten, haben auch immer wieder auf ihre unbefriedigende Lebens- und Wohnsituation hingewiesen. So verlagerte sich der Schwerpunkt der telefonischen und auch persönlichen Beratung zunehmend auf den Wunsch der behinderten Menschen, ihre Lebensqualität zu verbessern.

Eine neue Aufgabe: Die Arbeit im VbA[8], dem Verbund behinderter ArbeitgeberInnen

Frau B. erzählt: „Es wurde damals bei uns Polios viel Geld und Mühe in medizinische Maßnahmen zum Überleben und zur Lebenserhaltung gesteckt, aber heute werden wir nur als ein Kostenfaktor angesehen. Ein menschenwürdiges Leben mit Behinderung oder Krankheit gilt als zu teuer. Aber ist es meine/unsere (der behinderten Menschen) Schuld, wenn ich/wir keiner erwerbstätigen Arbeit nachgehen können, und ist ein Mensch, z. B. auch ein gesunder Mensch im erwerbstätigen Alter, der keine Arbeit bekommt, oder ein Rentner nur allein aus diesem Grunde weniger wert?" Frau B. engagierte sich ehrenamtlich im VbA, dem Verbund behinderter ArbeitgeberInnen.

Sie sagt weiter: „Als behinderter Mensch wird man immer zum Objekt der Fürsorge – aber das war nicht meins, das war nicht das, was ich wollte." Und weiter bemerkt sie: „Es wird sehr viel Geld in diese Fürsorge gesteckt, aber ich stehe dem heutzutage sehr kritisch gegenüber. Es wäre besser, wenn die Anleitung zur Selbstständigkeit in stärkerem Maße gefördert würde, sodass ein Heim nur eine Übergangsmöglichkeit ist … Denn ein selbstbestimmtes Leben ist möglich … Und ich sehe nicht ein, dass ich, nur weil ich behindert bin, in einer Institution leben muss, weil ein selbstbestimmtes Leben für die Gesellschaft scheinbar zu teuer ist."

Und zu den Kosten ist zu sagen, dass ein Heimplatz im laufenden Betrieb zurzeit zwar etwa 300 Euro pro Tag bzw. etwa 9.000 Euro pro Monat kostet, dass aber nie mit eingerechnet wird, was die öffentliche Hand außerdem in die Errichtung und den Unterhalt solcher Heime steckt.

„Aber seit 2009 gibt es Gott sei Dank die UN-Behindertenrechtskonvention[9], in der u. a. geschrieben steht, dass jeder Mensch per Gesetz das Recht hat, die Lebensform zu wählen, die ihm am besten liegt." Dieses Gesetz wurde von Deutschland ratifiziert und ist damit dem deutschen Recht übergeordnet, aber dennoch entscheidet immer noch jede Stadt oder jede Gemeinde anders hinsichtlich des Wunsches eines behinderten Menschen nach einem selbstbestimmten Leben.

„Wir, die im VbA tätigen Berater – alle schwer behindert, sodass wir gemäß dem Peer Counseling Prinzip (Betroffene beraten Betroffene) als Vorbild dienen können – beraten und begleiten jeden Ratsuchenden, der gemäß dem sogenannten ‚Arbeitgebermodell' selbstbestimmt leben will (Independent living Bewegung). Aber wir beraten auch die Menschen, die als Assistenten das Leben dieser Menschen begleiten wollen, denn auch sie müssen wissen, was der behinderte Mensch ihnen zumuten darf, wie sie sich gegebenenfalls abgrenzen können und was ihre eigenen Rechte sind."

Da in der Regel eine ambulante 24-Stunden-Pflege teurer ist als ein Heimaufenthalt, werden die Ratsuchenden auch unterstützt, wenn der Wunsch nach einem selbstbestimmten Leben gerichtlich durchgesetzt werden muss. Außerdem kämpfen die sieben Vorstandsmitglieder – alle schwerst körperbehindert – gegen Kürzungen im Sozialbereich, für behindertengerechte Gebäude öffentlicher Träger mit Publikumsverkehr und für die Beteiligung an politischen Entscheidungsprozessen. Die Stadt München bekommt in diesem Zusammenhang ein Lob. Hier sei es dank des starken Engagements der behinderten Menschen besser als in anderen Städten, „denn so ganz freiwillig bewegt sich die Kommune nicht".

Frau B. sagt hinsichtlich ihres eigenen Lebens: „Ich habe Leute, die mich versorgen, aber ich suche mir meine Leute selbst aus und ich bestimme den Zeitplan und vor allem, ich muss nicht Menschen um mich haben, die ich nicht ausstehen kann. Die meisten Helfer sind seit vielen Jahren bei mir, sie kennen mich und sie wissen, was sie zu tun haben. Und wenn einmal die Chemie nicht stimmt, so kann ich sie auch wieder entlassen. Ich bin ein verantwortlicher Arbeitgeber mit allen Rechten und Pflichten und muss mit meinem finanziellen Budget auskommen.

Als diskriminierend empfinde ich jedoch, dass z. B. die Pflegeversicherung vorschreibt, dass alle drei Monate von einem ambulanten Pflegedienst begutachtet und bescheinigt werden muss, ob ich gut gepflegt werde, und als respektlos empfinde ich, dass ich – allerdings in größeren Abständen – danach gefragt werde, ob ich überhaupt noch behindert bin."

Frau B. konnte von November 2006 bis Dezember 2010 mit ihrer selbst gewählten Tätigkeit als einer der Vorstände des VbA eine verantwortungsvolle Position einnehmen. Hier vertrat sie die Belange jener Leute, deren Schicksal sie zu verbessern versucht.

Seit der Beendigung ihrer Vorstandstätigkeit engagiert sich Frau B. in der Polio-Selbsthilfe[10], indem sie z. B. die Teilnehmer der Münchner Selbsthilfegruppe bei ihren monatlichen Treffen berät. Sie ist außerdem gefragt worden, ob sie auch im Bundesvorstand des Verbandes mitarbeiten wolle. Das Anliegen des Verbandes ist es, Ärzte über Spätfolgen von Polio zu informieren, da „die Ärztekammern ... aller Bundesländer fast ausnahmslos den Bedarf an hinsichtlich des Post-Polio-Syndroms spezifisch qualifizierten Ärzten immer noch nicht erkennen und dementsprechend nicht fördern."

Leben als Vorbild

Frau B. wird aufgrund ihres Umgangs mit der schweren Behinderung und aufgrund ihres großen Engagements immer ein Vorbild für alle sein, die ein ähnliches Schicksal wie sie selbst zu ertragen haben.

Sie sagt: „Es ist ein großes Anliegen von mir, den Menschen mit Muskelerkrankungen zu vermitteln, dass Hilfsmittel, sei es ein Atemgerät oder auch ein Rollstuhl eine große Verbesserung bringen können.

Bei Muskelerkrankungen, bei denen die Atemfähigkeit langsam nachlässt, ist die Akzeptanz einer Atemhilfe vor allem ein psychisches Problem. Die Menschen sehen in dem Atemgerät nur etwas, das sie noch weiter behindert, sie sehen aber nicht, was es ihnen bringt: Nämlich, dass sie wieder leistungsfähiger und fitter werden und dass sie mithilfe eines solchen Atemgeräts aktiv am Leben teilnehmen können."

Frau B., die wegen ihrer Skoliose (Verkrümmung der Wirbelsäule) nur noch schwer sitzen und die Wohnung nur noch im Elektrorollstuhl verlassen kann, sagt weiter: „Das gleiche Problem gibt es auch bei dem Elektrorollstuhl. Ich habe einen, aber ich habe eine Freundin, auf die habe ich jahrelang einreden müssen, ehe auch sie sich so einen angeschafft hat – und jetzt ist sie total glücklich. Sie hat jetzt sogar schon einen zweiten, weil der schneller ist."

Schon oben haben wir die Frage gestellt: Woher nimmt Frau B. diese Kraft? Ein Astrologe würde vielleicht sagen: Sie ist (vom Sternzeichen her) ein Löwe, sogar mit einem Löwen als Aszendenten.

Ausblick

Es ist nicht abzustreiten: Das Postpolio-Syndrom hat sich verstärkt, die Muskelschwäche nimmt zu und Tage ohne ständige Schmerzen werden immer seltener. Frau B. braucht während der Nacht ständig eine Beatmungsmaschine mit Atemmaske und einige Stunden am Tag zusätzlich ein Sauerstoffgerät. Außerdem muss sie tagsüber mehrmals Atemübungen machen, um die Lungen (Bronchien) elastisch zu halten. Da ihre Atemmuskelkraft um 80 % reduziert ist, kann nur durch die Kombination aller dieser Maßnahmen erreicht werden, dass der zu niedrige Sauerstoffgehalt in ihrem Blut erhöht wird.

Frau B. hat, abgesehen von ihrer Atemlähmung, auch in ihren Armen eine starke Einschränkung der Beweglichkeit. Ihr linker Arm ist fast kraftlos und auch den rechten kann sie nicht über die Höhe der Schultern heben. Sie braucht daher Hilfe bei der Körperpflege und beim An- und Ausziehen. Und auch beim Einkauf oder beim Kochen braucht sie Hilfe, da schon das Heben eines normal gefüllten Glases, einer Tasse oder gar eines mit Wasser gefüllten Topfes nicht oder nur sehr schwer möglich ist.

Frau B. liebt elegante Blusen und ist auch sonst sehr geschmackvoll gekleidet. Und sie versteht es meisterhaft, sich so zu verhalten, dass ihre Einschränkungen anderen Menschen nicht auffallen. Zuhause trinkt sie z. B. mit einem Strohhalm, in Gesellschaft

Markuslöwe aus Frau B.'s Schlafzimmer

hat sie oft „keinen Durst" und beim Bestellen in einem Lokal achtet sie darauf, dass sie das Bestellte ohne großen Kraftaufwand in mundgerechte Portionen teilen kann. Wenn man bei ihr eingeladen wird, freut man sich über das edle weiße, etwas eckige Geschirr, auf dem serviert wird.

Frau B. konnte ihre alte Wohnung nicht mehr allein verlassen, da sie die Stufen bis zum Lift nicht mehr bewältigen konnte, hat aber jetzt eine sehr schöne neue barrierefreie Wohnung gefunden, die mit einem Rollstuhl zu erreichen ist und auch günstig zu öffentlichen Verkehrsmitteln liegt.

Was wird Frau B. in der Zukunft tun? Sie wird – neben ehrenamtlicher Tätigkeit – das Leben in ihrer gemütlichen Wohnung genießen: In ihrem Wohnzimmer mit der Jugendstillampe (vom Flohmarkt!), dem modernen Bild einer ungarischen Malerin und dem dekorativen Gummibaum zwischen den Fenstern, in ihrem Schlafzimmer mit einem Wandvorhang mit dem Markuslöwen als Emblem und in ihrem Arbeitszimmer, ebenfalls mit einem modernen Bild. Hier hat sie den Computer so in einen Erker platziert, dass sie – wenn sie eine Pause macht – zugleich aus zwei Fenstern auf eine sehr schöne Grünanlage schauen kann. Das Arbeitszimmer ist zugleich auch das Zimmer, in dem ihre persönlichen Assistenten übernachten können.

Es ist nicht zu übersehen: Frau B. umgibt sich gern mit schönen Dingen und hat einen erlesen guten Geschmack. Und so ist es auch nicht verwunderlich, dass sie sich seit 2005 im Organisations-Komitee des Kulturforums der Stiftung Pfennigparade engagiert, das mehrmals im Jahr öffentliche Veranstaltungen organisiert, wie z. B. Konzerte, Lesungen oder auch Ausstellungen.

Frau B. wird sich weiter um ihre jetzt 86-jährige verwitwete Mutter kümmern, wobei ihr ihre Kenntnisse im Umgang mit Ärzten und Krankenkassen sehr nützlich sind. Das erfordert Zeit und Kraft, aber Frau B. sieht es als selbstverständlich an, ihren Eltern für die Liebe und Unterstützung, die sie von ihnen empfangen hat, zu danken und ihnen auch etwas zurückzugeben.

Aber sie wird trotzdem auch ihre Hobbies pflegen, denn sie hat gemerkt, dass auch Hobbies ihrem Leben einen Sinn geben können.

Ansichten aus Frau B.'s Wohnzimmer

Ihre große Liebe gilt Italien. Sie hält sich sehr gern dort auf und hat sowohl in Kursen als auch im Privatunterricht die Sprache erlernt, sodass sie sich jetzt fließend unterhalten kann. Sie fährt gern zu Freunden, die dort ein Haus haben, aber auch in andere Gegenden des Landes. Nach wie vor reist sie gern, kürzlich sogar bis nach Schweden, um auch dort Freunde zu besuchen.

Aber auch wenn das alles ganz „normal" klingt, so erfahre ich bei näherem Nachfragen doch, dass Reisen mit einem größeren Aufwand verbunden ist: Vor dem Antritt einer Reise muss nach preisgünstigen behindertengerechten Unterkünften gesucht werden .

Da Frau B. noch einige Schritte gehen kann (die Atmung beschränkt die Länge des Gehweges), kann sie noch selbst mit dem Auto fahren, indem sie per Knopfdruck die hintere Klappe des Autos öffnet, eine Rampe ausfahren lässt, sich mit ihrem Elektrorollstuhl genau davor stellt und aussteigt, um ihn allein in den Wagen fahren zu lassen. Danach schließt sie die Hecktür, setzt sich ans Steuer und fährt – dank Automatik und Servolenkung – genau so wie wir anderen auch.

Aber da Frau B. bei der Körperpflege, beim Anziehen, der Versorgung mit Esswaren und auch beim Transport ihres Gepäcks Hilfe braucht, kann sie entweder nur in Begleitung nicht behinderter Freunde reisen, die diese Arbeiten übernehmen, oder sie muss einen Assistenten mitnehmen. Wenn sie einen Assistenten mitnehmen muss, kann sie nur zusammen mit anderen Behinderten reisen, da ihr persönlicher Etat nicht ausreicht, diesen ganztags zu bezahlen.

Schon immer hat sich Frau B. für Kunst interessiert, was sich auch in ihrer Wohnung widerspiegelt, denn dort hängen – neben den erwähnten Originalen – auch viele Kunstdrucke. Sie besucht gern Kunstausstellungen.

Und seit ihrer Jugend liest sie auch gern, z. B. Philip Roth, Martin Suter, aber auch Krimis (denn auch dort ist Venedig ja ein häufiger Spielort), und sie geht auch gern ins Theater, in die Oper oder ins Ballett. Sie liebt – wie könnte es anders sein – italienische Opern, findet aber inzwischen auch Gefallen an Wagner.

Und vor allem: Sie ist gern mit Freunden zusammen, denn ihre Freunde sind ihr wichtig.

Sie jammert nicht, denn sie weiß, dass Jammern einen Menschen nicht weiterbringt. Sie ist eine bewundernswerte Frau!

1 Zitiert nach Frau Dr. Angelika Gabriele Bockelbrink: „Häusliche Langzeitbeatmung" in Integra 94.
2 Frau Dr. Antonie Vieregg ist die Gründerin der Ernst-Barlach-Schulen der Pfennigparade.
3 Der Initiative Pfennigparade, jetzt Stiftung Pfennigparade, wurde Anfang der 1950er Jahre ins Leben gerufen, als sich engagierte Münchner Bürger für die Belange der Betroffenen der Polio-Epidemie einsetzten. Das Ziel ist nach wie vor, schwer körperbehinderten Menschen zu einem erfüllten, selbstbestimmten und würdigen Leben zu verhelfen (vgl. auch www.pfennigparade.de).
4 „Sonnenzug": ein von Wohlfahrtsverbänden (z. B. Caritas oder Malteser) gestaltetes Ausflugsangebot für Gruppen behinderter Menschen.
5 Das Postpolio-Syndrom wird auf eine „chronische Überlastung und nachfolgende Degeneration der ursprünglich nicht durch die Krankheit geschädigten Nerven" zurückgeführt. Nicht geschädigte Nerven „müssen nach schweren Erkrankungen fünf- bis zehnmal so viele Muskelzellen versorgen wie bei Gesunden". Dadurch treten erneut Muskelschwächen und Lähmungen auf. Nach Michael Dittrich in Polizon Heft 2009/02.
6 Medical Tribune Medica Düsseldorf, Jahrgang 22, Sondernummer 46a vom 17.1.1987: „Atemmaske erspart Luftröhrenschnitt".
7 ALS = Amyotrophe Lateralsklerose, eine degenerative Erkrankung des motorischen Nervensystems.
8 VbA im Internet z. B. unter www.vba-muenchen.de.
9 Die neue UN-Konvention zum Schutze der Rechte der Menschen mit Behinderung auch unter www.netzwerk-artikel-3.de.
10 Polio-Selbsthilfe e. V. im Internet unter www. polio-selbsthilfe.net.

aufgezeichnet von Horst Schmidt

Herwig K. oder –
Was hat denn das mit Kunst zu tun?

HERWIG K.

Erich-Mühsam-Platz im Herzen Schwabings. Mancher hier kennt den Herrn, mit dem ich verabredet bin, als den Maler Herwig. Er lebt hier seit 33 Jahren und beginnt nach wie vor seinen Tagesablauf zwischen elf und zwölf Uhr mit einem morgendlichen Spaziergang ums Haus. Nur die wenigsten wüssten jedoch seinen Familiennamen zu nennen. Auch ich bleibe bei der Bezeichnung Herwig K., seinem Künstlernamen, da ich vermute, dass es ihm so am liebsten ist. Ich begebe mich in die Siegfriedstraße, zu einem für diese Gegend typischen Haus der Gründerzeit mit einer lichten graugrünen Fassade und imposantem Eingang. Über ein geräumiges Treppenhaus gelange ich in die dritte Etage, wo mich Herwig K. erwartet. An der Wohnungstür öffnet mir ein älterer Herr, dem man seine 75 Jahre nicht unbedingt ansieht. Er ist von mittlerer Größe, gekleidet in schwarze Schuhe, schwarze Hosen und schwarzen Pullover. Die weißen etwas schütter gewordenen Haare stehen dazu in gutem Kontrast. Er trägt sie zurückgekämmt in Kragenlänge. Um den Hals trägt er, wie auch bei allen künftigen Begegnungen, ein goldenes Medaillon. Sein Blick unter den großen, starken Brillengläsern begrüßt mich intelligent, wach und aufmerksam.

Ich betrete einen etwas düster wirkenden, langen und L-förmigen Flur. Links und rechts sind, in vom Fußboden bis zur Decke reichenden Stellagen, Bilder gestapelt, offensichtlich Gemälde, alle mit dem Rücken zum Betrachter. Für den Durchgang bleibt nur ein schmaler Weg. Herwig K. führt mich in seinen Wohn- und Arbeitsraum. Im Dämmerlicht ist erst auf den zweiten Blick zu erkennen, dass er das rechte Bein etwas nachzieht. Das Wohnzimmer ist angefüllt mit Zeugnissen seines Schaffens und seiner Lebensgeschichte: zwei große Ölgemälde, daneben kleinere Werke, zahlreiche abstrakte Objekte verschiedener Größe, jede Menge Bücher und persönliche Erinnerungsstücke, eine umfangreiche Schallplattensammlung und der Arbeitstisch. Obwohl es Tag ist, dringt nur diffuses Licht durch die vor den Fenstern angebrachten lichten Sonnenblenden. Die Wohnung macht einen aufgeräumten Eindruck. Wir nehmen in einer Sitzecke Platz. Auch auf dem Tisch stapeln sich Bücher – meist zeitgenössische Biografien, wie ich erkennen kann.

Die Rolle des Erzählers scheint Herwig K. nicht unbekannt. Nach einigen Erkundigungen über unser Projekt beginnt er sehr flüssig mit angenehmer, sonorer Stimme zu berichten. Man gewinnt sofort den Eindruck, dass dieser Mann nicht nur mit Stift und Pinsel, sondern auch mit Worten umzugehen weiß.

So erfahre ich: Herwig K. wurde im Jahr 1934 als ältestes von fünf Kindern in Stettin geboren. Seine Mutter war zum Zeitpunkt seiner Geburt noch sehr jung, wahrscheinlich erst 17 Jahre alt, sein Vater deutlich älter. Nach Herwig K.s Schätzung betrug der Altersunterschied 10 bis 15 Jahre. Seinen Vater beschreibt er als einen schneidigen Kerl, Berufssoldat, jedoch als jemand, der das Gehorsamsprinzip verinnerlicht hatte und die eigenen Schwächen durch Gewalt an Schwächeren zu kompensieren versuchte. Herwig K. schildert seine Kindheit in düstersten Farben. „Bei uns gab es keinen Unfug. Es war eine sehr, sehr disziplinierte Form. Also reine Kindheit weiß ich gar nicht, was das ist. Wenn ich an meine eigene Kindheit denke, war es nur Disziplin, gehorchen, gehorchen und nochmals gehorchen." Das Verhältnis zur Mutter war dagegen warm. Sie versuchte, so gut sie es vermochte, ihre Kinder zu unterstützen – eine Aufgabe, die wohl zeitweise ihre Kräfte überstieg.

Herwig K. in seinem Wohn- und Arbeitszimmer 2010

Manchmal fand der kleine Herwig Zuflucht bei seinem Großvater mütterlicherseits, einem ehemaligen Seemann und späteren Kriminalbeamten. Unter dem Hocker am Kamin oder bei Spaziergängen im Hafen lauschte er dessen Seemannsgarn. Dies bezeichnet er heute als eine seiner schönsten Kindheitserinnerungen. Er hat diesen alten Herrn, der trotz seiner Seemannspranken zart und zärtlich sein konnte, sehr geliebt.

„Wenn ich ehrlich sein soll, waren wir alle vereinzelte Kinder und die, die nicht überlebt haben, waren wohl noch einsamer als ich. Ich hab mich deshalb am Leben erhalten, weil ich innerlich der Stärkste war und weil mir die frühe Hinwendung zur Kunst etwas dabei geholfen hat", fährt Herwig K. fort. Wie viele Kinder zeichnete er gerne. Er erinnert sich: „Ich war nie ein richtiges Kind. Ich war im Grunde genommen schon immer ein fragiler Erwachsener. Ich glaube diese Art sich in die Zeichnung zu flüchten ... Es war eine Art Flucht", resümiert er und verstummt für kurze Zeit. Ob diese Flucht wirklich hilfreich war, kann er aber bis heute nicht mit Bestimmtheit sagen.

Die Erinnerungen an die späten Kriegsjahre und die frühen Nachkriegsjahre bereiten Herwig K. heute noch Schmerzen und gleichen einer Reise durch einen persönlichen Albtraum. Es ist deutlich zu sehen, wie schwer es ihm fällt, hierüber zu sprechen. Die Geschehnisse aus diesem Zeitraum sollen daher auch nur stichpunktartig umrissen werden. Gegen Kriegsende erfolgte ein Umzug nach Posen, dort erlebte er von Deutschen beaufsichtigte Gefangenentransporte, die Atmosphäre der Angst und Beklemmung im Luftschutzkeller unter lauter Frauen, Kindern und alten Leuten, die zerstörten Straßenzüge. Danach weitere Flucht nach Küritz auf ein Landgut in der Nähe Berlins, dessen ursprüngliche Eigentümer kurz vorher Selbstmord begingen. Nur ein alter Herr, der Vater der Verstorbenen, war noch da. Herwig K. gelang es, zu ihm ein vertrauensvolles Verhältnis aufzubauen. Mutter und Kinder litten große materielle Not und Hunger, die jüngste Schwester starb an Krankheit und wohl auch an den Folgen von Mangelernährung. Es folgten die Jahre der russischen Besatzung. Berichte über Vergewaltigungen von Frauen und sonstige Übergriffe machten die Runde. Herwigs noch junge Mutter lebte in ständiger Angst, obwohl sie zum Glück von Gewaltakten verschont blieb.

Dann tauchte der Vater wieder auf. Es war ihm gelungen, sich aus tschechischer Gefangenschaft zu befreien. Herwig K. war schockiert, als sein Erzeuger, wie er ihn oft nennt, ihm später erzählte, dass er auf der Flucht seine Bewacher erschlagen hatte. Der Vater nahm die Familie mit nach Westen, nach Gelsenkirchen, wo er mittlerweile eine Stelle als Verwaltungsbeamter gefunden hatte. Die neue Bleibe der Familie war ein Haus ohne Fenster, das zudem einige Kriegsschäden aufwies. Dem handwerklich begabten Vater gelang es, diese Notunterkunft einigermaßen bewohnbar zu machen. Schlimmer als die äußerlichen Wohnverhältnisse empfand Herwig K. jedoch die häusliche Atmosphäre, die nach wie vor von Gewalt und sinnloser Disziplin geprägt war, zu der sich nun auch noch materielles Elend gesellte.

In der Schule hatte Herwig K. trotz vieler kriegsbedingter Unterbrechungen keine Schwierigkeiten. Er war immer unter den Klassenbesten, die in der ersten Reihe sitzen durften, wie er sich erinnert. Nur Rechnen, Sport und Fremdsprachen, das war nicht seine Sache. Seine Aufsätze und Zeichnungen bekamen jedoch immer Bestnoten. Eine höhere Schulbildung wurde trotzdem niemals in Betracht gezogen. Nach acht Schuljahren verließ er die Volksschule.

Noch heute ist er stolz darauf, dass er seine Lehrstelle selbst gefunden hat. So erzählt er: „Ich ging mit einer Mappe von Zeichnungen zu einem Modehaus in Gelsenkirchen. Der Inhaber des Hauses, ein ungeheuer eitler Fatzke, den werde ich nie vergessen, dem legte ich meine Mappe vor. Das hat ihn wohl beeindruckt und so bin ich zu dieser Stelle gekommen." Er erhielt eine Lehrstelle als Dekorator[1] und hatte zugleich seine erste Anerkennung als Künstler errungen.

Nach den Erziehungszielen seines Vaters befragt, antwortet Herwig K.: „Er versuchte es, mich zu formen, nach seinem Bild, aber es ist ihm nicht gelungen. Nein, nein, ich bin genau das Gegenteil geworden. Genau das Gegenteil! Denn alles was von dieser Strategie der Härte und des Inhumanen ausging, das war für mich … das hat mit Menschsein nichts zu tun gehabt."

Herwig K. absolvierte seine Lehrzeit und hatte danach endlich genug Geld, um von zu Hause fortzugehen. Er berichtet: „Ich hab mir ein Zimmer gesucht für 13 DM – ein kleines Zimmerchen. Ich hab mir ein Bett gebaut, einen Tisch gebaut, einen Stuhl gefunden irgendwo und konnte zum ersten Mal frei atmen. Da war ich 17 Jahre alt. – Da begriff ich zum ersten Mal, was es heißt, ohne Angst zu leben."

Nun begann für ihn eine intensive Zeit der geistigen Neuorientierung. Obwohl er ein eher scheuer, zurückgezogener Mensch ist, gelang es ihm neue Kontakte zu knüpfen. Er schloss unter anderem Bekanntschaft mit einem jungen Mann aus reichem Elternhaus und mit dem Sohn eines Buchhändlers. Es galt in kurzer Zeit all das nachzuholen, womit diese Menschen, die dem Bildungsbürgertum entstammten, aufgewachsen und groß geworden waren.

Herwig K. nahm eine neue Stelle in Essen an. Auf seinem Arbeitsweg mit der Straßenbahn las er Platon, später andere Philosophen. Besonders faszinierte ihn das Werk Schopenhauers. Mit Begeisterung verschlang er außerdem die Werke von Paul Celan,

James Joyce, Samuel Beckett, Arno Schmidt, Gottfried Benn und Henry Miller, um nur einige zu nennen. Er begann klassische Musik zu hören, später auch Jazz, ging in Konzerte und Kunstausstellungen. Besonderen Eindruck machten auf ihn das Werk Pablo Picassos, die Surrealisten insbesondere Max Ernst, Emil Schumacher, später auch Francis Bacon.

Er fing an, Gedichte zu schreiben, und verfertigte weiterhin seine Zeichnungen. Man darf vermuten, dass es sich bei seinen frühen Schöpfungen um relativ naive Werke handelte. Dies wird durch eine Episode veranschaulicht, die sich allerdings erst einige Jahre später zutrug. Er erzählt: „Ich habe meine Gedichte dem Feuilletonchef der Hannoverschen Allgemeinen Zeitung vorgelegt. Und er hat mir gesagt: ‚Mein lieber Herwig, das hat mit Dichtung nichts zu tun. Das Wort Herzeschmerz, das darf nicht vorkommen.'" Der Zeitungsmann ermunterte ihn jedoch weiterzumachen, nach Möglichkeit aber völlig neu.

Sein Lebensweg führte Herwig K. Ende der 1950er Jahre weiter nach Hannover. Ein Bekannter erzählte ihm, dass er eine Opernsängerin kenne, die auf der Suche nach einem Untermieter sei. „Ich habe dort angerufen. Ich komme dort vorbei, habe mich vorgestellt, eines schönen Tages an einem Nachmittag. Da steht eine wunderbare Frau an der Tür, groß, schwarze lange Haare, ein traumhaft schönes Gesicht … und die Figur. Also, ich war weg." Charlotte war 13 Jahre älter als Herwig K., der damals etwa 23 Jahre zählte. Trotz dieses Altersunterschieds entwickelte sich schon kurze Zeit später ein leidenschaftliches Liebesverhältnis. Durch ihre Bekanntschaft wurde Herwig K. mit vielen Dingen vertraut, von denen er bisher noch wenig Ahnung hatte. Er begegnete der klassischen Musik, die ohnehin schon eine große Bedeutung in seinem Leben einnahm, auf neue Weise. Sein Musikverständnis wurde tiefer und subtiler. Beispielsweise erklärte ihm Charlotte eines Tages: „Herwig, wenn du Mozarts Musik, seine Kunst, nur aus der Ferne verstanden hast, hast du damit bereits ein wenig die Welt der Liebe und des Leidens verstanden."

Aber in Hannover wartete eine zweite schicksalhafte Begegnung auf ihn. Eines Tages stellte ihm Charlotte Heinz Knoke vor, einen Maler, der gegenüber im selben Haus wohnte. Herwig K. bat ihn in die Wohnung seiner Freundin, um ihm seine Bilder zu zeigen. Er erzählt: „Er guckte sich die Bilder an. Ein sehr ernster Mann, 15 Jahre älter als ich, gerade aus Russland zurückgekehrt. Ein gezeichneter Mann. Er schaute sich meine Bilder an, ziemlich kurz alles. Kurze Blicke nur. Dann nahm er mich zur Seite und sagte: ‚Wissen Sie, das Wunderbare ist, Sie können malen, Sie können mit Farben umgehen, Sie können auch formal die Dinge gut erfassen, aber es hat mit Kunst nichts zu tun. Absolut nichts.' Da brach ich innerlich zusammen, denn bisher hatten alle nur applaudiert, wenn ich etwas gemacht hatte." Heinz Knoke lud nun im Gegenzug Herwig K. ein, sein Atelier zu besuchen. „Er führt mich in seinen Raum. Ein großes Bild an der Wand. Und ich stehe vor dem Bild, und ich wusste, was er meinte. Da sah ich ein Bild, das hat mich erschlagen. Es hat mich im wahrsten Sinne des Wortes erschlagen. Es war ein surreales Bild mit gegenständlichen Momenten, aber mit so einer Wucht, mit so einer Dramatik hingeschleudert. Nicht so wie ich, so fein … und … Da sagte ich: ‚Jetzt weiß ich, dass meine Arbeit nichts mit Kunst zu tun hat.'"

Seine erste Reaktion war: „Ich schmeiß Pinsel und Farben in die Ecke und Schluss." „Ne, ne, ne. Sie sind hochbegabt, aber Sie müssen alles vergessen, was Sie bis jetzt gemacht haben", war die Antwort. Herwig K. arbeitete weiter, fast vier Jahre lang. Unter anderem wendete er sich einer neuen Technik zu. Er verfertigte Monotypien. Unter Vermittlung von Heinz Knoke wurde Herwig K. Mitglied im Hannoveraner Kunstverein, in dessen Räumen er seine erste Ausstellung eröffnen konnte.

Heinz Knoke verwarf zunächst sämtliche Versuche aus Herwig K.s Hannoveraner Zeit. Erst im Jahr 1962, gegen Ende seines Aufenthalts in der Stadt, fand ein Ölbild die Zustimmung seines Mentors. Endlich hieß es: „Das ist was. Das Bild stimmt. Es hat eine Aussage und das ist die Archaik." Dieses Bild befindet sich heute noch im Besitz des Künstlers. Es zeigt ein Paar – möglicherweise Herwig K. und Charlotte. Das Bild wird beherrscht von Blau- und Schwarztönen. Einen leuchtenden Kontrast bildet das kurze rote Kleid der Frau. Der Mann trägt einen Henkelkrug auf der Schulter. Sein Blick weist, wie der ausgestreckte linke Arm, über das Bild hinaus. Die Frau hat die Augen geschlossen und steht mit verschränkten Armen frontal zum Betrachter. Sie ist in sich gekehrt und nimmt am Geschehen nicht teil. Gesicht und Körper sind in kalten Farben gemalt, was diese Ferne zusätzlich unterstreicht. Das rote Kleid betont dagegen ihre sinnliche Ausstrahlung. Herwig K. selbst hielt dieses Bild im Übrigen für nichts Besonderes, zumindest nicht für gelungener als andere Werke dieser Zeit.

Das erste Bild das bei Herwig K´s Lehrer Zustimmung fand.

Nachträglich bezeichnet Herwig K. seinen Aufenthalt in Hannover als den Zeitraum in dem alles angelegt wurde – die Musik durch Charlotte, die Malerei durch den Maler Heinz und, und, und...

Der Lebensweg Herwig K.s führte weiter. Wie häufig in seinem Leben verband sich der Wandel mit einer Frauengestalt. Er stieg in den Zug nach Hildesheim, einen Spätzug. Zeitlebens übten schöne Frauen eine große Faszination auf ihn aus. So setzte er sich auch diesmal zu einer hübschen jungen Dame ins Abteil, grüßte und fragte, ob er sich setzen dürfe. Sie las gerade ein Buch. Schöne Frau und Buch – eine Kombination, der er nicht widerstehen konnte und die ihn unendlich neugierig machte. Er musste sich einfach erkundigen, was sie denn gerade las. Es war Hemingways „Der alte Mann und das Meer". Sie kamen ins Gespräch, unterhielten sich über das Buch, stiegen gemeinsam aus, er trug einen Teil ihres reichlich schweren Gepäcks und begleitete sie nach Hause. Die Romanze nahm ihren Anfang. Er war hingerissen von ihrer Schönheit, von der er noch heute schwärmt. Ein Foto im Wohnzimmerregal legt Zeugnis davon ab. Er nannte sie Nofretete oder kurz Nof. Die junge Dame – sie war gerade 19 Jahre alt – wurde schwanger und die beiden heirateten. Monate später, als Herwig K. 28 Jahre alt war, kam in Hildesheim Sohn Wolfram zur Welt.

In Hildesheim arbeitete er weitere drei Jahre als Dekorator, aber diese Tätigkeit bot ihm immer weniger Perspektiven. Als Künstler hatte er zwar inzwischen einen gewissen lokalen Bekanntheitsgrad erlangt und konnte sein Einkommen durch den

Verkauf kleinerer Werke aufbessern, dennoch war es ihm nicht möglich, seine Familie von der Kunst alleine zu ernähren. Eine andere Lösung musste gefunden werden. Da er gute Weine schätzte, eröffnete Herwig K. eine Weinstube mit angegliederter Galerie im Zentrum Hildesheims, gleich in der Nähe des Stadttheaters. Das Unternehmen erwies sich als Erfolg. Neben den Honoratioren der Stadt waren es vor allem die Theaterleute, die bei ihm verkehrten.

Es war das gutbürgerliche Publikum, das Herwig K. ansprechen wollte. Er erzählt: „Weine waren auch schon damals teuer. Das konnte sich sowieso nur die gehobene Bürgerschicht leisten. Und außerdem, alles was sich nicht bewegen konnte, das heißt, was sich nicht anständig bewegen konnte, das habe ich sofort rausgeschmissen. Das war meine Strenge. Also meine Weinstube hatte einen guten Ruf und war sauber."

Diese Strenge gelangt auch in unseren Gesprächen immer wieder zum Durchbruch. Menschen, die sich seiner Auffassung nach nicht gut und verständlich ausdrücken können, die zu kulturellen Themen nichts oder wenig zu sagen wissen, werden von ihm schnell als Analphabeten bezeichnet. Oft bedauert er dies bereits im nächsten Augenblick zutiefst. Ich meine jedoch zu spüren, dass „Analphabet", das heißt kultur- und sprachlos zu sein, in seinen Augen eine primitive Form der menschlichen Existenz verkörpert, der er sich ein wenig überlegen fühlt.

Die gehobene Bürgerschicht und gesellschaftlich anerkannte Künstler bildeten die Welt, in der sich Herwig K. wohl und zu Hause fühlte. Er liebte es gut zu speisen und exzellente Weine zu trinken, selbst wenn dies sein letztes Geld erforderte. Obwohl er sich immer politisch informierte, war aktiver Protest gegen die Verhältnisse nicht seine Sache. So bemerkt er: „Ich hatte eine tiefe Verachtung für die 68er. Ich hielt es damals für eine Unkultur und für eine nicht durchdachte Sache. Meine Distanz war sehr groß."

Auch in der Kunst nahm er Bewegungen wie Fluxus, Performance, Happenings und Straßentheater, die in den 1960er Jahren die zeitgenössische Kunst mit Gesellschaftskritik verbinden wollten, zur Kenntnis, ohne aber innerlich davon bewegt zu werden. Erst in späteren Jahren näherte er sich dem Werk von Joseph Beuys und dessen Schülern an. Allerdings war Herwig K. als Maler immer schon ein Einzelgänger und Autodidakt, der größten Wert darauf legt, seinen eigenen Weg zu gehen.

Als ich während unserer zweiten Begegnung bemerke, dass ich in seinen Bildern eher Anklänge an die Kunst der 20er und 30er Jahre entdecken könne als an die Kunst der Nachkriegszeit, nimmt Herwig K. dies zunächst äußerlich ziemlich ungerührt auf. Nach einigen Momenten fällt mir auf, dass es innerlich in ihm arbeitet, und dann bemerkt er ziemlich abrupt: „Vielleicht bin ich gar kein moderner Maler gewesen, was ja nicht negativ sein muss." Es folgt eine längere Gesprächspause. Beim nächsten Besuch wurde ich dann auch sofort mit der Frage empfangen: „Was ist für sie ein moderner Maler?"

In Hildesheim betrieb Herwig K. zusammen mit seiner Frau mehrere Jahre lang die Weinstube, bis eines Tages wieder einmal eine Frau sein Schicksal entscheidend beeinflusste. Er berichtet: „Eines Tages kam eine wunderschöne Frau herein, groß, blond, mit kleinem Töchterchen. Und wie das Leben so will, ich verknall mich in die Frau. Ich war ja verheiratet und hatte einen Sohn und ich liebte meine Frau. Na wie dem auch sei. Ich hab das ein Jahr lang verschwiegen. Dann hat das meine Frau rausbekommen und dann hieß es, die Frau oder ich." Herwig K. entschied sich für die Freiheit. Ähnlich wie er sich auf Dauer nicht mit den Konventionen eines Angestelltendaseins arrangieren konnte, so war wohl nach zehn Jahren auch seine Ehe ein zu enges Gefäß für ihn geworden. Er sah keine Möglichkeit, die Vorstellungen seiner Frau mit seinen Ansprüchen an ein selbstbestimmtes Leben in Einklang zu bringen. Mit schlechtem Gewissen und schweren Herzens willigte er in die Scheidung ein.

Trotz zahlreicher Frauenbekanntschaften legte er in der Folgezeit großen Wert auf eine eigene Wohnung, die er mit niemandem zu teilen brauchte. Diese Haltung behält er bis zum heutigen Tag bei. Er überließ seiner Frau die Weinstube und so ziemlich allen gemeinsamen Besitz. Was ihm verblieb, waren seine Bücher, seine Schallplatten und seine Bilder. Die Lieben, denen er immer treu bleiben sollte, hießen Literatur, Musik und Malerei. Obwohl er weiterhin in Hildesheim lebte, brach der Kontakt zu seiner Frau und zu seinem Sohn ab und sollte erst mehrere Jahre später wieder aufgenommen werden.

Zum ersten Mal in seinem Leben versuchte Herwig K. nun ausschließlich von seiner Kunst zu leben. Für lange Zeit wäre das wohl nicht gelungen, aber da kam ihm das Angebot eines reichen Industriellen zu Hilfe. Dieser Mann war passionierter Kunstliebhaber, Sammler und Mäzen. Er suchte jemanden, der für ihn an verschiedenen Firmenstandorten Galerien aufbaute und deren künstlerische Leitung übernahm. Dafür erhielt Herwig K. für damalige Zeiten ein stattliches Gehalt und manche andere Vergünstigungen. Er widmete sich der neuen Aufgabe mit großer Entschlossenheit, und im Laufe einiger Jahre hatte er ungefähr acht Galerien unter dem Namen Juniorgalerie aufgebaut. Eine große Leistung, jedoch oft erkauft durch einen 16-stündigen Arbeitstag und ständige Verfügbarkeit. Er investierte zwar seine gesamte Energie in den Dienst der Kunst, aber für das eigene Schaffen blieb wenig Raum. Wieder einmal verlief alles gemessen an den Maßstäben der äußeren Welt erfolgreich, aber Herwig K. war unzufrieden. So suchte er das Gespräch mit seinem Auftraggeber, der seinerseits das Nachlassen von Herwig K.s Engagement bemerkt hatte. Sie trennten sich in gegenseitigem Einverständnis. Der Industrielle zeigte sich freigiebig und unterstützte Herwig K. für weitere zwei Jahre, wofür er im Ausgleich immer wieder Bilder erhielt. Noch wichtiger war, dass Herwig K. nun Gelegenheit bekam, seine Werke in den von ihm aufgebauten Galerien auszustellen. Im Jahr 1974 verkaufte er nicht schlecht, und rein geschäftlich war dies eine der erfolgreichsten Zeiten seines Lebens.

Auf einer seiner Ausstellungen lernte Herwig K. die begüterte und schöne Tochter der Herausgeberin der Hannoverschen Allgemeinen kennen. Sie kamen sich näher, und sie ebnete ihm den Weg nach München, wo sie ihren Wohnsitz hatte. Er erzählt: „Sie rief mich eines Tages an und sagte mir, dass der alte Ketterer einen Manager sucht. Ich habe mit ihm am Telefon geredet und fuhr dann nach München. Damals hatte er seine Galerie und sein Auktionshaus in der Stuckvilla. Dann haben wir uns lange unterhalten. Wir sind uns einig geworden, für ein damals fürstliches Gehalt. Ich glaube es waren 3.000 DM, das war 1975 viel Geld. Dann hab ich es da ein halbes Jahr ausgehalten. Aber er war ein Patriarch, alles wissend, alles bestimmend, und ich habe was gegen Patriarchen. Die Chemie hat nicht gestimmt." Sie trennten sich, wie er so sagt, in gutem Einvernehmen. Der alte Herr machte Herwig K. zum Abschied ein generöses Angebot. Er versprach ihm eine große Einzelausstellung in der Stuckvilla. Diese Ausstellung im Jahr 1975 steigerte Herwig K.s Bekanntheitsgrad in der Münchner Kunstszene erheblich.

Für mich bleibt Herwig K.s Verhältnis zur Autorität ungeklärt. Einerseits kommt es im realen Leben sofort zu Reibereien mit Personen wie dem „alten Ketterer", die sich ihm gegenüber eine autoritäre Haltung anmaßen. Im Alltag erwecken solche Personen stets seinen Widerstand. Andererseits ist Herwig K.s Weltbild selbst stark hierarchisch geprägt. Wenn man mit ihm über Kunst spricht, redet er häufig von Meistern und Großmeistern. Der Vergleich mit den Berühmtheiten der Kunstszene bleibt für Herwig K. bei aller immer wieder betonten Eigenständigkeit ein großes Thema. Man kann bei ihm geradezu ein Ringen nach objektiven Kriterien zur Bestimmung des Wertes von Kunst bemerken. So machen auch die Preise, die auf dem Kunstmarkt für bestimmte Werke bezahlt werden, gelegentlich einen tiefen Eindruck auf ihn. Immer wieder taucht in unseren Gesprächen die Frage auf: Wer bestimmt eigentlich, was Kunst ist?

Als Herwig K. in München ankam, brauchte er sich nicht mehr sagen zu lassen: Das hat mit Kunst nichts zu tun. Er hatte seinen eigenen, unverwechselbaren Stil, seine eigene Handschrift, wie er sich ausdrückt, längst gefunden. Leider sind mir, außer dem bereits beschriebenen Werk aus dem Jahr 1962, keine Zeugnisse aus der frühen Zeit seines Schaffens zugänglich. Er selbst berichtet von verschiedenen Bildwelten seines Schaffens. Die Ölbilder der Münchner Zeit gewähren daher lediglich Einblick in eine relativ späte Schaffensperiode.

Die Bilder, die zwischen 1975 und der Mitte der 1990er Jahre entstanden, weisen einige Gemeinsamkeiten auf. Immer wird mit Öl auf Jute gemalt. Auf Nachfrage

Weibliche Akte

erklärt mir Herwig K.: „Ich habe eine Aversion gegen alles was steril ist. Holz und Stoff leben immer. Und was mir am meisten Freude machte, war, auf diese grobe Struktur meine feine Zeichnung aufzubringen." Für ihn ist es wichtig, organische Materialien zu verwenden. So malte er früher auf sorgfältig vorbehandeltem Holz und kam eines Tages, nur weil kein anderes geeignetes Material zur Stelle war, zur Jute.

Viele Werke weisen ein quadratisches oder ein gedrungenes Rechteckformat auf. Ein typisches Format ist 120 x 120 cm. Manche der Bilder wurden in Serien gemalt. Die Farben sind entweder in sehr warmen Brauntönen oder in kaltem Blau gehalten. Den Bildern fehlt jegliche Buntheit. Nur gelegentlich treten Blau- und Brauntöne gleichzeitig auf, wodurch in meinen Augen die Lebendigkeit erheblich gesteigert wird. Ich habe aber nicht das Gefühl, dass es in dieser Schaffensperiode Herwig K.s Anliegen war, mit seinen Bildern Lebendigkeit zu vermitteln.

Die Darstellungen haben oft etwas Erstarrtes, Statisches. Immer wieder tauchen ähnliche Bildelemente auf: Pendel, Lot, Schneckengehäuse, Stimmgabeln, architektonische Elemente, Pyramide, Quader, Kugel. Selbst seine weiblichen Akte haben etwas streng Formales. Wie mir scheint, geht es dabei hauptsächlich um die Anordnung weiblicher Formen auf der Fläche und die Abstraktion von Erotik. So sind seine Akte generell gesichtslos und zeigen keinerlei Individualität.

Die Landschaften sind unbewohnt. Es könnte sich um Bilder eines fernen Planeten handeln, der von seinen Bewohnern vor langer Zeit verlassen wurde. Nur Artefakte einer technischen Zivilisation zeugen von ihrer einstigen Anwesenheit. Ich glaube seltsame Messgeräte, Maschinenteile und Architekturfragmente zu erkennen. Am Himmel steht oft ein mondähnliches Gebilde. Das kalte Licht entstammt rätselhaften Quellen oder fällt grell durch weit entfernte Türöffnungen von außen in das Bild ein. Die Statik dieser Bilder trügt. Bei näherer Betrachtung bemerkt man, dass die massiven Wände oder die Himmelskörper deutliche Risse aufweisen. Manchmal scheint es, als sei der Malgrund selbst mit dem Messer aufgeschlitzt worden, um eine dahinter liegende Welt freizugeben. Gelegentlich vermeine ich auch pflanzliche oder vegetabile Elemente zu erkennen, die sich in den Rissen breitmachen.

Utopische Landschaft 1980 **Titel unbekannt**

In den Bildern scheint die große innere Einsamkeit der Kindheit weiterzuleben. Von den Schmerzen, der Angst, dem Zorn und der Bitterkeit der Jugendjahre ist dagegen nichts zu bemerken. Es ist das Bedürfnis zu spüren, alles zur Ruhe zu bringen. Kein Pendel schwingt aus. Die Gegenstände befinden sich in einer fragilen Balance. Die Deutung scheint schwierig und der Reiz der Bilder liegt in diesem Rätsel. Ich gehe davon aus, dass die Darstellungen Elemente aus Herwig K.s Innenwelt spiegeln. Zahlreiche Fragen tauchen auf. Ist es noch die Flucht vor einer bedrohlichen Welt, wie in der Kindheit, die hier ihren Ausdruck findet? Deuten die Risse in den dicken Mauern an, dass der Schutzpanzer durchlässiger wurde? Was passiert, wenn die mühevoll aufrechterhaltene Statik unter dem eigenen Gewicht kollabiert, oder die Fragilität der Anordnung zum Zerfall führt?

Herwig K.s Bildern haftet oft ein Beigeschmack der Perfektion an. Dies gilt insbesondere, wenn sie nahezu symmetrisch aufgebaut sind. Nach seinen Worten korrigiert er seine Werke nie. In unserem dritten Interview äußert er sich selbst zu Fragen der Ästhetik und Perfektion: „Wissen Sie, woran ich leide? An meiner Ästhetik, da leide ich darunter. Darum bewundere ich Van Gogh. Der hat sich um den Begriff der Ästhetik keine Gedanken gemacht. Obwohl ich in künstlerischer Hinsicht einen Horror vor der Ästhetik habe, kommt mir alles, was ich male, immer zu kontrolliert vor. Und ich sage es Ihnen ganz offen: Ich halte das für den größten Fehler in der Kunst."

Titel unbekannt

Wenn Herwig K. über seine Arbeiten spricht, gewinnt man oft den Eindruck, dass seine Bilder ohne sein Zutun entstehen. In seinen Händen liegt nur die technische Umsetzung. Das Kunstwerk entsteht auf einer anderen Ebene, zu der Intellekt und Worte keinen Zugang besitzen.

Die Aussichten sich in München als selbstständiger Künstler zu etablieren, schienen zunächst nicht schlecht. Immerhin hatte Herwig K. einige größere Ausstellungen im In- und Ausland vorzuweisen, die teilweise auch in der Presse Beachtung fanden. Seine Werke verkauften sich gut, beispielsweise kaufte das Lenbachhaus in München im Jahr 1976 seine Arbeit „Der geflügelte Stein" an, was er als große Ehre empfand und ihn auf seinem Weg bestätigte.

Im Laufe der Zeit zeigte sich jedoch, dass der Verkauf seiner Bilder sein Leben nicht finanzieren konnte. Schließlich musste er sogar einige Kunstgegenstände, die er sich in besseren Zeiten zugelegt hatte, veräußern, auch kleinere Werke von Pablo Picasso und Salvador Dalí. Aber es nützte alles nichts. Es kam der Zeitpunkt, an dem er nicht mehr so recht wusste, wo er ein Stück Brot herholen sollte. Eine verlässliche Einkommensquelle musste gefunden werden. Er sandte mehr als 20 Bewerbungen an Verlage und andere Einrichtungen der Kunstbranche, aber es gab keine bezahlte Arbeit für ihn. Zum Schluss rief er bei den Münchner Kammerspielen an. Er bekam den technischen Direktor ans Telefon, der sich sofort für ihn interessierte. Herwig K. erhielt eine Stelle als Bühnentechniker. Er arbeitete dort 14 Jahre lang drei bis vier Tage die Woche. Auf diese Weise blieb ihm noch genügend Zeit, um auch weiterhin künstlerisch tätig zu sein, was er als seine eigentliche Arbeit bezeichnete.

Im Theater hatte er Gelegenheit mit dem damaligen Intendanten Dieter Dorn und anderen berühmten Regisseuren zusammenzuarbeiten. So kann er sich beispielsweise noch lebhaft an eine Diskussion mit George Tabori erinnern, der eines Tages zu ihm sagte: „Weißt du, Herwig, nur im Gefühl liegt die Wahrheit." Nun war und ist Herwig K. sehr misstrauisch, was Gefühle anbelangt. Er meinte: „Gefühle sind so trügerisch, das weiß doch jeder." So gerieten die beiden miteinander in eine Auseinandersetzung, ohne die Sache befriedigend klären zu können.

Von den Schauspielern, mit denen er damals arbeitete, blieb ihm vor allem Rolf Boysen, der in Dieter Dorns Inszenierung den König Lear spielte, in starker Erinnerung. Die 14 Jahre an den Kammerspielen zählen nach seinen Angaben zu den reichsten Erlebnissen seines Lebens. Besonders gerne denkt er dabei an Dieter Dorn zurück, der in seinen Augen ein guter Pädagoge und ein wundervoller Mensch war. Nur einmal kam er sich mit ihm ins Gehege, als sich beide für die gleiche Frau interessierten. Im Wettbewerb mit dem Intendanten blieb der kleine Bühnentechniker natürlich chancenlos.

Auch privat besuchte Herwig K. in dieser Zeit häufig das Theater, Konzertproben und Kunstausstellungen. Er war und ist auch heute noch Mitglied des Münchner Kunstvereins, dessen Aktivitäten er aber eher passiv verfolgt. Zu anderen Münchner oder Schwabinger Künstlern pflegt er keinerlei Verbindungen. Mitte bis Ende der 1980er Jahre zog er sich endgültig aus dem öffentlichen Kunstbetrieb zurück.

Gegen Ende der 1980er Jahre erhielt Herwig K. durch einen Bekannten die Einladung einen Gastvortrag an der Hochschule in Rosenheim zu halten. Es wurde wohl erwartet, dass er über ein gängiges Thema der zeitgenössischen Kunst referieren würde. Aber Herwig K. dachte nicht daran, sich die Sache einfach zu machen. Das liegt wohl in seinem Naturell. Er sprach über Graffiti und Josef Albers, wobei er damals, wie er heute zugibt, keinerlei Ahnung von der Graffitikunst hatte. Er musste sich erst selbst in sein Thema einarbeiten. Einarbeiten hieß für ihn typischerweise das Studium von Büchern und Abbildungen. Nie versuchte er selbst Kontakt zur Sprayerszene aufzunehmen, hier stand ihm wohl wieder seine zurückhaltende Lebensart im Wege. Mit großer Unsicherheit begann er seinen Vortrag vor etwa 200 Studenten und war wohl selbst am meisten überrascht, dass er von den jungen Leuten positiv aufgenommen wurde und lebhaften Applaus erhielt. Wenn er über die wichtigen Ereignisse seines Lebens spricht, führt er stets auch diese kurze Tätigkeit als Gastdozent mit an.

Nach 14 Jahren beendet er aus Gründen, die er heute nicht mehr nennen kann, seine Tätigkeit bei den Kammerspielen und lebt seitdem wieder als freier Künstler. Eine kleine Rente unterstützt ihn dabei.

Sein Leben in Schwabing spielt sich nun im engen Umkreis seiner Wohnung ab. Es verblieben ihm zwei Freunde, die beide in nächster Nähe wohnen und mit denen er sich gelegentlich trifft. Einer davon, Erbe eines großen Vermögens, unterstützt ihn seit einigen Jahren auch finanziell ein wenig.

Schwabing wurde seine neue Wahlheimat. Hier fühlte er sich vom ersten Augenblick an wohl, auch wenn er sich heute etwas an der Hektik und der Unruhe stößt. Er

Collage mit Tänzerin 2010

Collage mit Kannon, dem japanischen Bodhisattva des Mitgefühls 2010

verkehrt gerne in drei Restaurants, die sich in wenigen hundert Metern Entfernung zu seiner Wohnung befinden. Früher hat er diese Lokale täglich abends ab ca. 10 Uhr frequentiert, trank seine drei bis vier Gläser Bier und ging dann wieder nach Hause.

Seit ungefähr 10 Jahren hat sich Herwig K. aber fast völlig von der Außenwelt zurückgezogen. Um diese Zeit begannen auch seine Beinbeschwerden, die nach Angaben der Ärzte keine erkennbaren organischen Ursachen aufweisen. Jetzt geht er nur noch aus, wenn er von seinen beiden Freunden dazu aufgefordert wird, zieht sich aber auch dann zeitig zurück. Er lebt bescheiden und ist zufrieden, solange Tabak und ein Gläschen Wodka, mit dem er gewöhnlich seine tägliche Arbeit beschließt, im Haus sind. Nach eigenen Worten ist ihm heute alles Äußerliche zuwider.

Auch mit seinem Sohn und seiner Familie pflegt Herwig K. nur spärlichen Kontakt. Meist besucht man sich einmal pro Jahr und telefoniert alle 3 bis 4 Monate miteinander.

Eine Unterbrechung in dieser Abgeschiedenheit brachte die Verleihung des Schwabinger Kunstpreises im Jahr 2004. Aber wenn er heute über dieses Ereignis berichtet, geschieht dies stets in einer Mischung aus Genugtuung und Überdruss. Besonders die Rezeptionen in der Presse, die auf eine Karriere im hohen Alter anspielten, erregen noch heute seinen Widerwillen.

In den letzten Jahren hat sich in seinem künstlerischen Schaffen einiges verändert. Durch seine Behinderung ist es Herwig K. heute nicht mehr möglich, großformatige Ölbilder zu malen, denn er ist nicht mehr in der Lage, sie zu heben, und hat Schwierigkeiten lange Zeit zu stehen. So verlegte er sich auf Zeichnungen und Collagen. Er nennt dies Kammermusik. Seine Linienführung erfolgt oft mit Hilfe von Schablonen, da die Hand manchmal zittert. Auch der Inhalt seiner Arbeiten veränderte sich. Besonders in den Collagen greift er Themen auf, die viel mit Bewegung zu tun haben, beispielsweise Tanz oder Wasser. Diese Bewegung wird in die umrahmende Zeichnung integriert und von ihr aufgenommen.

Obwohl er sich stark von der Welt zurückgezogen hat, ist Herwig K. mit seinem derzeitigen Leben sehr zufrieden. Immer wieder betont er: „Wenn nicht die Sache mit meinem Bein wäre, wäre ich der glücklichste Mensch der Welt." Rückblickend erklärt er, dass die Kunst sein Leben lebenswerter gemacht hat. Mit Zufriedenheit kann er verkünden, dass sie ihm geholfen hat, sich an Erfahrungen und Empfindungen zu bereichern. „Noch nie in meinem Leben war ich so produktiv", berichtet er. Er ist wohl ruhiger und sanfter geworden, die harten Erlebnisse der Jugendzeit wirken heute nicht mehr so dominant. Auch die Fragen nach künstlerischer Anerkennung spielen keine entscheidende Rolle mehr, wenn ihn auch die Anteilnahme der Öffentlichkeit nach wie vor erfreut. Er hat seinen Weg gefunden. Neu ist, dass er berichtet, der Tod säße täglich mit an seinem Arbeitstisch. Bei seinen neuesten Arbeiten finden sogar Liebe, Kontemplation und Stille Einzug in sein Schaffen, in dem nun Kannon, der japanische Bodhisattva[2] des Mitgefühls, eine zentrale Rolle einnimmt.

Herwig K. ist geistig immer noch rege und hellwach, sodass schwer zu sagen ist, wohin sein Leben und sein Werk noch treiben werden. In den wenigen Monaten während derer wir unsere Gespräche führten, konnte ich so manche, teilweise überraschende Veränderungen in seinem Schaffen beobachten, und Veränderungen sind auch weiterhin garantiert. Nur eines lässt sich mit Sicherheit sagen, ohne dabei Prophet spielen zu müssen: Herwig K.s Leben wird auch weiterhin etwas mit Kunst zu tun haben.

---

1 Herr Kaschinski gebraucht in unseren Interviews stets den Ausdruck Dekorator, der im deutschen Sprachgebrauch nicht üblich ist. Korrekt handelte es sich um eine Stelle als Schauwerbegestalter. Ein Schauwerbegestalter ist der Fachmann für die anfallende Dekoration eines Geschäftes, Veranstaltungsortes, etc. Seine Tätigkeit bezieht sich nicht nur auf die Gestaltung/Dekoration von Schaufenstern, sondern deckt das komplette Feld der öffentlich einsehbaren Bereiche ab.

2 Im Mahayana-Buddhismus werden Bodhisattvas als nach höchster Erkenntnis strebende Wesen angesehen, die auf dem Wege der „Tugendvollkommenheit" die „Buddhaschaft" anstreben bzw. in sich selbst realisieren, um sie zum Heil aller lebenden Wesen einzusetzen.

aufgezeichnet von Anne Raab / Horst Schmidt
Ellen Schimanski –
Das Wagnis der Unabhängigkeit

Ich wurde 1915 geboren. Es kamen die Hungerjahre 1915/16 und der Rübenwinter 1916/17.[1] Meine Eltern hatten Probleme ein Baby zu ernähren. Aber ich bin gut durchgekommen, wie man sieht. In Berlin bin ich geboren. In unserer Familie gab es nur zwei Kinder: mich und meinen Bruder Hanno. Ich habe später miterlebt, wie Hindenburg eingezogen ist, durch Berlin, wir haben es vom Balkon aus gesehen. Hindenburg war ein namhafter Feldherr aus dem Ersten Weltkrieg und man hatte ihn gerade zum Reichspräsidenten[2] gewählt. Dafür war er ungeeignet. Durch ihn kam Hitler an die Macht. Ich war Zeitzeuge, wie Ebert[3] gestorben ist, Stresemann[4] gestorben ist. Mein Elternhaus war ziemlich politisch eingestellt und interessiert.

Frau Schimanski auf ihrem Balkon im April 2012

Mit fünf Jahren bin ich auf eine Privatschule gekommen und dann habe ich verschiedene Schulen in Deutschland besucht. Mein Vater war Apotheker und hatte eine eigene Apotheke und verschiedene Drogerien und wir sind mit Kindermädchen und ziemlich feudal aufgewachsen. Es kam die Inflation 1923. Mein Verhältnis zu meinem Vater war erstklassig. Er war Apotheker, aber kein Geschäftsmann. Ein guter Freund überredete ihn, seine Geschäfte zu verkaufen. Da bekäme er jetzt Milliarden. Und gegen den Protest der ganzen Familie verkaufte er alle Geschäfte, um als freier Wissenschaftler zu arbeiten.

Dann wollte er in München weiter studieren, mit seiner Familie in München leben und die große schöne Wohnung in Berlin vermieten. Und wir gingen nach München. Meine schöne Schule habe ich aufgegeben. Ich war acht Jahre alt, es muss also 1923 gewesen sein. Und als wir in München ankamen, da war sein Geld nichts mehr wert.

Ellen Schimanskis Vater

Dann begann eine Odyssee. Mein Vater musste sich als angestellter Apotheker eine Stellung suchen und als verheirateter Familienvater kam er erst in Frage, wenn kein Jüngerer sich mehr für die Stelle meldete. Ich kam ins Kloster und die Eltern gingen erst mal nach Crimmitschau in Sachsen. Dann habe ich so Heimweh bekommen, dass meine Mutter mich nach einem Jahr abholte. Vom katholischen Kloster kam ich in das rote Crimmitschau, das ja schon immer kommunistisch war. Damals, wenn ich zur Kirche wollte, mussten wir, mein kleiner Bruder und ich, uns heimlich durch die Straßen schlängeln, dass es keiner sah.

Als die Inflation auf dem Höhepunkt war, verkaufte Mutter ihr Silberbesteck, ihre silberne Handtasche, um wenigstens jeden Tag eine Suppe kochen zu können. Mittags um zwölf war sie beim Vater an der Geschäftstür, holte die Löhnung ab und kaufte sofort Lebensmittel dafür ein, denn bis zum Abend war das Geld schon nichts mehr wert.

Zwischenzeitlich sind wir nochmal zurückgegangen nach Berlin. Da hatte mein Vater eine Drogerie, vorne an der Bismarckstraße. Von da aus gingen wir dann nach Dessau. Da war ich auch ein Jahr auf der Schule. Es war sehr schön. Von Dessau zogen wir 1927 nach Hamburg. Da bin ich dann sesshaft geworden und wurde eine Hamburgerin. Am Gymnasium habe ich viel Freude gehabt, ging in den Verein für Deutschtum im Ausland, machte da relativ Karriere, wurde Jugendführerin und Schulführerin und als die erste Gorch Fock in Hamburg vom Stapel lief, da wurde ich von der Schule weg angefordert und durfte für den Verein mit zum Stapellauf gehen. Das war ein großes Ereignis. Ich hatte eine eigene „Kluft", so nannte man das damals, eine blaue Kluft mit einem Fähnchen, und so marschierte ich zum Hafen und taufte die Gorch Fock mit.

Inzwischen kam dann 1930. Mein Vater hatte in Hamburg in der pharmazeutischen Industrie eine Position bekommen und war für verschiedene Firmen als Pharmaberater tätig. Uns ging es wirtschaftlich wieder gut.

Dann kam das Jahr 1933. Wir VDA-ler[5] waren gerade mit dem Bürgermeister zusammen im Rathaus und erlebten die Übernahme Hamburgs durch die NSDAP. Da wurde es etwas schwierig. Meine Mutter war Jüdin und auch mich erwarteten Schwierigkeiten, weil die Nationalsozialisten sämtliche Jugendverbände verboten hatten und ich nicht in den BDM (den nationalsozialistischen Bund Deutscher Mädel) eintreten wollte.

Das war 1933. Ich hatte dann doch keine Schwierigkeiten. In der Schule war ich gut, 1935 machte ich Abitur und hatte vor, als Deutschlehrerin mit einem Stipendium nach ehemals Deutsch-Afrika zu gehen. Das fand ich herrlich. Aber ich hätte einen Ariernachweis bringen müssen. Also fiel das aus. Beruf und Studium auch, alles weg.

Wir waren in den Ferien oft bei Verwandten in Danzig gewesen und da hatte ich festgestellt, dass es etwas bei uns in Hamburg ganz Neues gab: Eis am Stiel! Das gab es dort nicht. Danzig hatte ja, wie München den Starnberger See, ein Seebad: Zopott, heute Sopot, und da habe ich gesagt, wir müssen nach Danzig, nach Polen, und Eis am Stiel herstellen. Das kann ja nicht so schwer sein und es müsste ein tolles Geschäft werden.

Mein Vater ging auf meine Idee ein und entwickelte ein Kühlsystem für Speiseeis und ich ging in Hamburg zu der damals jungen Firma Langnese, stellte mich vor, mein Programm, meine Pläne. Und die sagten, tolle Idee, und wenn ich so weit wäre und wir uns arrangieren könnten, würden sie mir Rezepte und einen Koch und Hilfestellungen geben, die ich brauchte. Dann ging ich zur polnischen Handelskammer in Hamburg, zeigte meinen Plan und sagte, ich bräuchte aber einen Geldgeber. Da haben sie gesagt, ja, aber dass es praktisch wäre, wenn ich Polnisch lernen würde. Dann habe ich mir einen Lehrer neben der Schule organisiert und lernte in 14 Tagen so viel Polnisch, dass ich bei der Handelskammer eine Sprachprüfung machen konnte.

Inzwischen hatte ich mit einer dänischen Firma, die ich durch Langnese vermittelt bekam, verhandelt. Die hatten Vertreter nach Hamburg geschickt. Sie wollten mir die entsprechenden Eismaschinen nach Danzig liefern, wenn es so weit wäre. Die Handelskammer hatte mir zwei Polen als interessierte Geldgeber vermittelt. Ich war zwar einigermaßen intelligent, aber genauso wenig geschäftstüchtig wie mein Vater.

Ich übergab mein gesamtes Programm den beiden Polen zur Einsicht. Die haben dann gesagt, vielen Dank, dann brauchen wir die Göre ja nicht. Ich bekam von der dänischen Firma ein Schreiben, dass zwei Polen sich bei ihnen gemeldet hätten, die wollten die Maschinen haben, um Eis am Stiel in Polen zu machen, in Lodz, und wie ich dazu stände. Von ihnen aus bekämen die Polen die Maschinen nicht, das ginge nur über mich. Aber weil ich kein Geld hatte, war das Projekt gescheitert. Das war ein ziemlicher Nervenschock für mich. Denn es war ja nicht einfach, das ganze Projekt auf die Füße zu stellen, ich war ja erst 18 Jahre alt und dann noch neben meiner Schule.

Außerdem hatte ich noch mit einem Schulfreund Kisuaheli gelernt, dessen Vater Großkaufmann in Hamburg war, und der Freund sollte nach dem Abitur nach Afrika gehen in Vertretung von Vaters Geschäft und dazu brauchte er jemand, der Kisuaheli konnte. Und aus Freude am Sprachenlernen lernte ich Kisuaheli mit.

Es kam die Olympiade 1936. An sich hatte ich ein wunderbares Elternhaus. Meine Mutter war eine prima Mutter bis zu dem Moment, wo ich eigenwillig wurde. Da war es dann nicht mehr so gut. Die Eltern fuhren nach Berlin zur Olympiade und ich hatte mich entschlossen, ich will von zu Hause weg. In Hamburg konnte ich mir keine eigene Wohnung nehmen. Es war 1936, da war so etwas noch nicht üblich, dass ein junges Mädchen eine eigene Wohnung hatte. Ich hatte vor, nach Berlin zurückzugehen, dort hatte ich noch meine Jugendfreundin und Freunde meiner Eltern. Ich dachte, ich würde schon zurechtkommen. Ich nahm mein Sparbuch und wollte gleich, wenn die Eltern zurück sind, von zu Hause weggehen.

In dieser Zeit, als die Eltern weg waren – wir wohnten in Hamburg ebenerdig mit einem Vorgarten – gingen drei junge Chinesen vorbei. Sie kamen an unseren Vorgarten und fragten, ob bei uns wohl ein Zimmer zu vermieten wäre. Die Chinesen sprachen nur Englisch und das machte mir Spaß, wir unterhielten uns länger. Ich sagte, dass es momentan kein Zimmer zu vermieten gäbe. Sie stellten sich vor, als Ärzte die am Tropeninstitut arbeiteten.

Da kam mir die Idee, wenn ich von zu Hause weggehe, das ist ein Schock für die Familie. Aber ein Zimmer wird frei, ein Chinese zieht ein, das wäre für die Eltern eine nette Abwechslung. Der Chinese, der das Zimmer suchte, war jedenfalls ein gebildeter junger Mann. Also sagte ich ihm, er sollte doch in 14 Tagen wieder vorbeikommen, wenn meine Eltern zurück sind, und sie sollten entscheiden. In dieser Zeit wollte ich weg sein und war dann auch weg. Dieser Chinese kam, er sprach gebrochen Deutsch und war ein sehr sympathischer Mensch. Er fand Anklang bei meinen Eltern. Also er bekam das Zimmer, das war im September 1936.

Ich war in Berlin gelandet, hatte bei der AEG einen kleinen Posten bekommen. Ich hatte Schreibmaschine zu Hause gelernt und mit meinen Schreibmaschinen-Kenntnissen kam ich dann zur AEG. Ich war in ständigem Kontakt mit meinen Eltern.

Dann kam die Weihnachtszeit. Meine Jugendfreundin sagte, wir müssen mal ausgehen, du vereinsamst ja ganz. Sie hatte Jugendfreunde beim Heer. Sie sagte: „Ich rufe den Freund an, den Rainer, und er soll einen Kameraden mitbringen und wir gehen tanzen." Wir gingen tanzen. Ich hatte inzwischen in der Nähe vom Kurfürstendamm ein Zimmer gefunden. Der zweite Freund, der Kamerad von dem Rainer, der stellte sich vor und nannte seine Adresse und es war nicht zu fassen, er wohnte Wand an Wand zu meinem neuen Zimmer. Seine Eltern hatten die Wohnung an der Joachimsthaler Straße und wir fanden auch Gemeinsamkeiten. Es war harmonisch und wir verliebten uns ineinander.

Dann lief das so, wie das so läuft. Ich fuhr nach Hamburg zum Weihnachtsfest und da war dieser junge Chinese auch in der Wohnung. Unsere Wohnung war sehr groß. Ich musste nicht im Korridor schlafen. Wir feierten Weihnachten, der Chinese war auch dabei. Zwischen Weihnachten und Neujahr hatte Vater uns eingeladen. Wir gingen in ein Cabaret und der Chinese kam mit. Da war auch Tanz. Ich hatte in Hamburg einen großen Freundeskreis. Einen meiner Jugendfreunde hatte ich aufgefordert, mitzukommen. Mit dem tanzte ich, dann forderte mich der Chinese auf und meinte, ob er mich nach Hause bringen dürfte. Da sagte ich, was heißt nach Hause, wir sind hier alle zusammen und gehen zusammen nach Hause. „Nein", meinte er, „in mein Zuhause, ich möchte Sie heiraten."

Angesichts der NS-Schwierigkeiten, die es gab, sprach ich auch mit meinen Eltern, da es eine Möglichkeit wäre, aus Deutschland rauszukommen. Er kam aus einer reichen Familie, dies hatte er auch den Eltern geschildert, als er sich als Heiratskandidat vorstellte. Da er Arzt war, hatten wir viele Gemeinsamkeiten und Interessen. Ich sagte, ich müsse mir das überlegen. Zwischen Weihnachten und Neujahr wurde ich dann eingeladen zu seinen Kommilitonen und Freunden und das war interessant. Da war auch die Cousine von Chiang Kaishek, die ich kennenlernte. Es gab viele interessante Gespräche und alle sagten, ich sähe aus wie eine Nordmongolin, wir würden wunderbar zusammenpassen. Ich hatte früher tatsächlich ein ausgesprochen mongolisches Gesicht.

Ich habe mir das also sehr genau überlegt. Ich fuhr wieder nach Berlin und er begleitete mich im Zug bis Wittenberg. In Berlin erwartete mich am Bahnhof, mein Freund, der Kamerad von Rainer. Und da merkte ich: Das war doch etwas ganz anderes. Das war Liebe! Und damit war das Problem entschieden. Das heißt, rein verstandesmäßig kam dazu: Ich hatte meinem Berliner Freund das Angebot, was mir vorlag, geschildert. Sein Vater war ein namhafter Chirurg mit einer eigenen Klinik. Der hatte einen großen Freundeskreis und dazu gehörte der Vertreter der AEG in China, der in Shanghai lebte. Der hatte eine Jugendfreundin meines Freundes zu sich nach Shanghai mitgenommen. Er war Witwer und sie führte ihm den Haushalt. Die ließen wir fragen, wie es da wäre in Shanghai und welche

Ellen Schimanski im Jahr 1941

Aussichten ich da hätte. Sie schrieb zurück: Um Gottes Willen, die Chinesen würden mich nie anerkennen, die Europäer würden mich ausschließen und die Kinder hätten ein sehr schwieriges Leben. Das war dann ausschlaggebend.

Wir verlobten uns. Mein Freund wusste, dass ich Halbjüdin bin, das heißt, wir konnten erst mal nicht heiraten. Ich fuhr im Februar wieder nach Hamburg und erklärte dem Chinesen, dass ich mich anders entschieden hätte. Ich habe noch ein

Liebesgedicht, das er mir geschrieben hat. Er wurde erst mal ohnmächtig, er war völlig fertig.

Meine Mutter sagte damals zu ihm – ich war schon wieder weg –: „Meine Tochter hatte sich doch noch gar nicht entschieden, es war doch noch alles offen." Da sagte er, wenn eine Frau ja sagt, muss alles da sein. Er hatte einen vollkommenen Haushalt eingerichtet. Ich hätte nur einzutreten brauchen. Na ja, der liebe Gott hat mich davor bewahrt. Ich weiß nicht, ob er die Zeit Maos überlebt hat. Der Kontakt brach ab. Vorher hatte ich alle zwei Tage entzückende Briefe von ihm bekommen. Es war wirklich zauberhaft, die freundschaftliche Verbindung. Aber eine chinesische Ehe war praktisch nicht tragbar, obwohl ich es gerne gemacht hätte, um aus Deutschland rauszukommen.

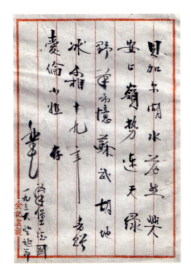

Ellen Schimanski erhält ein chinesisches Gedicht.

Niemand wusste, dass ich einen jüdischen Hintergrund hatte. In meinem Freundeskreis gab es einen jungen Mann, er gehörte zu unserer Clique. Der Vater war jüdischer Arzt und hat sein Leben damit erkauft, dass er die Judentransporte zusammenstellte. Der hat meine Mutter gedeckt und uns dadurch geschützt. Meine Mutter hatte auch nie ihren Mädchennamen angegeben, sondern nannte sich geborene Lorzing, sodass der Familienname Löwenheim gar nicht vorkam. Wir sind so durch die Zeit gekommen, ohne dass das bekannt wurde. Mein Bruder hat sich extra freiwillig zum Heer gemeldet. Er wollte nicht als Halbjude abseitsstehen. Er hat Stalingrad überlebt, wurde aber 1944 in Italien von einem Partisanen erschossen. Von einem Baum herab. Sonst sind wir ganz gut durchgerutscht, nur dass es irgendwo eine Grenze gab. Ich konnte nicht studieren. Ich konnte keinen Beruf erlernen. Die Familienangehörigen meiner Mutter sind alle umgekommen. Sie hatte zwei Vettern in Kiel mit Töchtern und die sind weggekommen. Meine Mutter hat sich stets von ihrer Familie ferngehalten, um ja nicht aufzufallen.

1937 hat mein Vater mich über eine englische Firma als Pharmareferentin vermittelt. Da war ich die erste Dame in Deutschland, die als Pharmareferentin tätig war. Das war vorher nur ein Herrenberuf.

So kam ich nach München. Mein Verlobter wollte hier ein Ingenieurstudium beginnen. Eine Wohnung, ach, das war damals normalerweise gar nicht so schwer. An den Türen hingen Schilder mit Wohnungsangeboten. Aber einem jungen Mädchen wie mir, wollte doch keiner eine Wohnung geben, obwohl ich einen Gehaltsvertrag und einen Anstellungsvertrag hatte. Durch Zufall bekam ich dann doch eine Wohnung in der Damenstiftstraße. Das war damals schon eine sehr fragwürdige Gegend. Ich war aber froh, für uns eine Wohnung gefunden zu haben. Sie war vollkommen runtergewohnt. Und ich, die ich mit Kindermädchen und Dienstmädchen aufgewachsen war, lag auf dem Boden und scheuerte das Parkett, das gefirnisst war. Es war eine sehr primitive Wohnung, aber an sich sehr schön gebaut und sehr schön gelegen. Ecke

Ellen Schimanski mit ihrer Mutter vor dem neuen Toilettentisch

Damenstift- und Josephspitalstraße. Jetzt hatte ich eine Wohnung aber kein Möbelstück und kaufte – Geld hatte ich auch wenig – erst mal ein Bett, Besteck, Töpfe und Teller. Es machte riesigen Spaß.

Dann fing ich an, Ärzte zu besuchen. Da passierte es mir, dass man mir sagte: „Na, kleines Fräulein, was fehlt ihnen denn?" Ich reckte mich zu voller Größe auf und stellte mich vor. Es war sehr spaßig. Es hat viel Freude gemacht. Und ich hatte Erfolg. Man hatte mir ein halbes Jahr Karenzzeit, Probezeit gegeben. Das schaffte ich. Und das wurde dann mein Beruf, den ich ausgeübt habe bis 1942 und dann wieder ab 1948.

Inzwischen hatten mein Bräutigam und ich uns wieder getrennt, er meinte: „Weißt Du, ich möchte doch auch noch mal andere Frauen kennenlernen. Ich hab Dich sehr lieb, aber ich möchte Dir nicht untreu werden." Da war ich alleine und habe verschiedene Bekanntschaften gemacht, darunter einen Araber, während der NS-Zeit, der hier unter deutschem Namen lief und vermutlich ein Spion war. Eine interessante Bekanntschaft. Eines Tages war er von der Erdoberfläche verschwunden, nicht mehr auffindbar.

Ich fuhr mit meinen Eltern in Urlaub nach Jugoslawien nach Dubrovnik. Auf der Reise hatte ich einen Serben kennengelernt. In Dubrovnik hatte der Sohn eines Hoteliers meine Eltern gefragt, ob er mit mir spazieren gehen darf. Ich fand dies sehr amüsant. Meine Eltern fanden, er sähe aus wie mein ehemaliger Bräutigam. Das war im Juni und er meinte auch, ich könnte doch bei ihm bleiben, ihn heiraten, seine Familie wäre respektabel. In der Kirche zeigte er mir seine Tafel, da war ein Vorfahre als Heiliger gemalt. Aber ich sagte: Entschließen kann ich mich nicht. Da war aber auch der Hintergedanke, aus Nazideutschland herauszukommen. Da schwebte immer eine Bedrohung über uns. Wir durften ja nicht auffallen. Das bewog mich, ihm zu versprechen, im Urlaub im Juli alleine wiederzukommen, um ihn näher kennenzulernen.

Das tat ich dann auch und ich wurde reizend empfangen. Er brachte mich in einem Hotel unter. Ich durfte alles, nur nicht allein spazieren gehen. Das gehörte sich nicht für ein junges Mädchen. Die Cousine, die Tante, alle waren für mich da. War mir ja gar nicht recht, so unabhängig wie ich gelebt habe.

Eines Tages ging ich auf die Burgmauer von Dubrovnik und freute mich da an der Übersicht, dem Panorama. Ich war auch nur kurze Zeit oben. Da kam wutschnaubend mein Freund an: Ich hätte die Familie blamiert und was ich mir dächte, alleine hier auf die Mauer zu gehen. So was Anrüchiges! Ja, da packte ich meine Sachen und fuhr erst mal nach Zagreb.

Im Zug nach Dubrovnik hatte ich einen Serben kennengelernt, der mir seine Adresse gegeben hatte. In Zagreb hatte er Geschwister und ich dachte: „Jetzt schaue ich mir den mal an." Die Familie hatte eine Glaserei, ein Spiegelgeschäft in Zagreb. Ich kam dahin, stellte mich vor und die hatten von mir schon gehört. Aber der Serbe war nicht da. Er war Landvermesser und das Telegramm, das ich geschickt hatte, war zu spät angekommen.

1939 brach der Krieg aus. Ich telefonierte mit meinem früheren Bräutigam und der sagte: Du musst sofort nach Hause kommen. Ja, da bin ich nach Hause gefahren. Habe alles abgesagt und war hier in München wieder tätig in meinem Beruf. Ich habe in der ganzen Zeit nie einen Hehl daraus gemacht, dass ich gegen den Nationalsozialismus war.

Ich hatte als Pharmavertreterin ein Reisegebiet bis Würzburg, Augsburg und runter bis an die österreichische Grenze. Ich bin auch in Karlsbad gewesen. 1941, da war ich in Nürnberg im Hotel und morgens um fünf kam die Gestapo und hat mich geholt. Es hatte mich irgendjemand angezeigt. Die Gespräche mit den Ärzten gingen damals ja vielfach ins Private über. Das hat sich heute völlig geändert, es ist rein sachlich. Damals freute sich ein Arzt, wenn jemand von der Industrie kam und er informiert wurde. Ich hatte eine sehr angenehme Tätigkeit. Und da hatte ich mit irgendjemanden diskutiert: „Ach, wir haben ja die Flugzeuge!" Also irgendwelche technischen Dinge erzählt. Und der hat mich angezeigt, ich sei Spionin, dass ich so viele technische Dinge wüsste. Dann haben sie mich bei der Gestapo deshalb festgehalten und ich sagte: „Nee, ich habe ein gutes Gedächtnis." Ich erklärte, ich hätte das in der und der Zeitung gelesen und daher wisse ich das. Und weil ich technisch interessiert war, habe ich das auch nicht vergessen.

Aber man hatte noch anderes. In Jugoslawien war der junge Kronprinz auf den Thron gekommen. Ich schrieb meinem serbischen Bekannten auf einer Postkarte „Gratulation zur Thronbesteigung", und warf diese Postkarte am Stachus in den Briefkasten, das weiß ich noch wie heute. Das galt damals als antideutsche Geste. Und im Augenblick als ich sie eingeworfen habe, da war mir klar, wenn sie das kontrollieren, das ist ja antideutsch, das hätte ich lieber nicht machen sollen. Und sie haben es kontrolliert.

Also die Postkarte war noch da und dann haben sie mein Hotelzimmer durchsucht und da war ein arabisches Sprachbuch, denn ich bin sprachbegeistert, lerne gerne, und als junges Mädchen konnte ich abends alleine nicht ausgehen. Ich saß also in meinem Hotelzimmern und habe gelesen oder hatte Arabisch lernen wollen. Mit dem Serben hatte ich mich polnisch/russisch unterhalten. Ich habe auch in Jugoslawien schnell die Sprache gelernt und da wurde ich verdächtigt. Da sagte ich, ich kann so viele Sprachen, ich kann sogar Kisuaheli.

„Was, sie können Kisuaheli, dann sprechen sie doch mal was." „Das kann ich machen, aber sie werden das nicht verstehen." Ich sagte einen kisuahelischen Satz, mehr wusste ich gar nicht mehr, und der Mann der mich verhörte, der war für die NS in Daressalam gewesen, jedenfalls konnte er Kisuaheli. Da sagte er: „Wenn die so verrückt ist, dass sie Kisuaheli lernt, dann kann sie auch Arabisch lernen." Das war meine Großrettung.

Die hatten alle Informationen, die wussten so genau über mich Bescheid. Über meine jüdische Abstammung wussten sie aber nichts. Aber ich hatte schlimme Angst für meine Mutter und mich. Die verhörenden Herren waren distanziert, aber absolut höflich.

Ich kam trotzdem ins Gefängnis. Man hat mir eine Prostituierte in die Zelle gelegt und gehofft, dass ich mich ihr gegenüber äußere. Das habe ich aber durchschaut. Ich hab mir ein dickes Buch mit ins Gefängnis genommen und hab die Zeit mit Lesen zugebracht, um ja nicht zu denken und zu sehen. Ich hab nicht hungern müssen und bin nicht schlecht behandelt worden. Die Aufregung hat sich aber auf meinen Magen gelegt. Daher datiert ein Magenleiden, das ich noch heute habe. Ich war nur 14 Tage da gewesen, da hat ein Arzt sich für mich eingesetzt, dass ich so magenkrank bin. Jedenfalls hat man mich aufgrund irgendeiner Fürsprache freigelassen, aber ich stand unter ständiger Beobachtung.

Ich hatte inzwischen mein erstes Auto, einen kleinen Dixi, das kleinste Auto, das es damals gab. Der wurde noch vorne angekurbelt. Mit dem stand ich an einem Sonntag am Straßenrand, da ging ein Vater mit seinem Jungen vorbei, und der Junge sagte zum Vater: „Guck mal, dieses alte Ding, das da steht." Ich war doch so stolz auf mein Auto!

Werbung für BMW Dixi

Bis 1942 konnte ich noch arbeiten und dann mussten wir aufhören. Die ganze Werbung wurde eingestellt und ich habe überlegt, ehe die mich dienstverpflichten bei der Wehrmacht oder wo, was mache ich. Da fiel mir ein, ich kann ja Schreibmaschine schreiben, ich mache ein Schreibbüro auf und ich schrieb an die Verwaltung in den bayerischen Kurorten Wiessee, Tölz, Schliersee, ob sie ein Schreibbüro bräuchten.

Der Bürgermeister von Bad Wiessee schrieb, ich solle bloß kommen, sie bräuchten es dringend. Ich wurde mit einer roten Tulpe empfangen und ich fand ein sehr schönes Büro mit einer teuren Miete in der Nähe, wo später das Spielcasino gebaut wurde.

Und so zog ich dahin, hatte aber in München noch meine Wohnung, das heißt, ich musste jetzt für zwei Mieten aufkommen. Ich hatte wunderbar zu tun, es war eine herrliche Zeit, aber ich kam finanziell schlecht über die Runden. So viel verdiente ich mit dem Schreibbüro auch nicht. Andererseits hatte ich sehr interessante Kunden, weil man nicht mehr nach Bad Ausee oder sonst wohin ausfuhr, die alten Herren hatten ihre Kur in Bad Wiessee.

Irgendwann hörte ich aber auf damit, ich war am verhungern, ich fiel in Gmund, als ich aus dem Autobus steigen wollte, vor Hunger aus dem Auto. Ich ging nach München zurück in meine Wohnung und machte hier das Schreibbüro auf und es florierte

Büro in Bad Wiessee **In Bad Wiessee**

prächtig. Dann wurde ich aber auch noch dienstverpflichtet als Postsortiererin in der Hopfenstraße und musste von 20 bis 22 Uhr Briefe sortieren.

Die Zeit verging. 1944 hörte ich aus meinem Freundeskreis, dass die deutsche Wehrmacht Dolmetscherkurse in Englisch anbot. Mir war damals schon klar, dass der Krieg verloren war, und habe mich dort gemeldet. Dann machte ich das Dolmetscherexamen. Durch die Hamburger Schule war mir Englisch ja immer geläufig.

1945 war meine Wohnung in der Pettenkoferstraße von einer Bombe getroffen worden. Meine Eltern waren inzwischen aus Hamburg gekommen. Nach dem Phosphorangriff hatte man sie in eine Wohnung in Velden an der Vils in Niederbayern einquartiert.

Am 14. Dezember 1944 war ein Riesenangriff auf München, es brannte überall und ich nahm mein Fahrrad, meine Katze und die Schreibmaschine und fuhr mit dem Rad nach Velden. Unterwegs musste ich mal nach dem Weg fragen und wie ich mit dem Rad zu einem Bauernhof kam, da wurde sofort das Licht ausgemacht, es war niemand da, die Leute hatten Angst, ich wollte etwas zu Essen haben.

Ich fand dann meinen Weg auch so. Unser Dolmetscherkurs wurde von der Münchner Widerstandsgruppe „Gerngross"[6] organisiert und alle die dort waren, gehörten theoretisch zu „Gerngross". Auch ich hätte den Umsturz mitmachen sollen. Ich sollte mit anderen den Sender Freimann entern. Ich hatte aber eine Lungenentzündung bekommen und blieb in Velden bei meiner Mutter.

Dann kamen die Amerikaner. Ich wurde Dorfdolmetscherin und hatte vorher noch den ganzen Bewohnern des Dorfes Velden/Vils (damals war es noch ein Dorf, heute ist es eine Stadt) Englischunterricht gegeben. Vom Arzt bis zum Bürgermeister, alle kamen. Dann wurde ich als rettender Engel bei den Übergriffen der Amerikaner gerufen, die was stehlen wollten oder in Bauernhöfe eindrangen oder Ähnliches.

Dann war ich bei der amerikanischen Verwaltung in Vilsbiburg angestellt als Dolmetscherin. Das war herrlich. Da unten waren viele Jugoslawen als Kriegsgefangene und Zwangsarbeiter beschäftigt. Die sollten jetzt zurückgeschickt werden. Sie wollten aber nicht zurück. Die Amerikaner konnten ja nicht mit denen sprechen. Aber ich konnte Serbisch. Jedenfalls verstand ich, was sie sagten, und habe das dann den Amerikanern übersetzt.

Damit fühlten sich die Jugoslawen von mir verraten. Ich durfte nicht mehr an dem Lager vorbeifahren. Ich wurde jeden Tag mit einem Jeep nach Velden zurückgefahren, dass ich nicht in Gefahr geriet, von ihnen gelyncht zu werden.

Ich war da ungefähr ein Vierteljahr als Dolmetscherin tätig. Dann kam jemand zu mir mit einem Zettel von meinem früheren Bräutigam, er wäre in Kriegsgefangenschaft und in Bad Aibling. Da stand für mich fest, ich werde mal nach Bad Aibling fahren und sehen, was er macht. Fahren, das hieß, ich fuhr mit dem Rad, was anderes gab es ja nicht. Das habe ich dann auch durchgeführt, quer durch Oberbayern über Velden nach Bad Aibling. Als ich ankam, da war er nicht mehr da, und ich fuhr wieder zurück.

Wenig später, als ich Englisch im Dorf unterrichtete, da hieß es: „Draußen ist ein Soldat, der möchte dich sprechen." Da stand er vor der Tür. Na ja, die Welt war für ihn zusammengebrochen. Das Krankenhaus des Vaters und die Wohnung der Eltern waren ausgebrannt. Der Vater war zuletzt Generalarzt für die Ostfront geworden und war jetzt in amerikanischer Gefangenschaft gekommen in ein Generalslager in Garmisch. Die Mutter war in der Nähe von Murnau. Und wir hatten uns jetzt also wiedergefunden. Unsere Brüder waren gefallen und wir waren glücklich, dass wir uns wiederhatten und ich nahm ihn auf. Er lebte dann bei mir in der Pettenkoferstraße in der Wohnung. Er war aber schwierig geworden. Er hatte sich verändert. Wahrscheinlich auch durch die Kriegserlebnisse. Er war als Werksverwalter nach Lodz geschickt worden. Man hatte ihn mitgenommen zur AEG nach Lodz und er hatte dort viel Schlimmes erlebt. Es war kein leichtes Leben mit ihm und ich wäre ihn gerne losgeworden. Er ging nicht und meine Mutter kam und verlangte, dass dieses uneheliche Verhältnis aufgegeben wird. Wir sollten heiraten.

Ich habe mich gebeugt und wir haben geheiratet. Es ging mehr oder weniger gut. Erst mal war es sehr schön, wir bekamen einen Sohn und mein Mann meinte: „Ist es dir sehr peinlich, wenn du den Kinderwagen schieben musst?" Wir kamen aus feudalen Familien und da hatte man eine Amme und ein Kindermädchen. Am St.-Pauls-Platz fanden wir dann eine Wohnung, in der Hermann-Lingg-Straße. Erst mal lebten wir von meinem Schreibbüro, er war zwar Ingenieur mit Auszeichnung, aber niemand brauchte das 1946. Er arbeitete also mit im Schreibbüro und wir hielten uns gut. Später hatten wir sogar wieder ein Kindermädchen.

Dann verspekulierte er sich. Irgendeinem jungen Mann, der sich bei ihm als ehemaliger Offizier vorstellte, hatte er Geld gegeben, um in der Gegend um Köln und Gelsenkirchen Bänke aufzustellen mit der Widmung von Mayer, Müller, was weiß ich. Das war damals ein Geschäft. Der betrog ihn aber, er hatte zwar Studenten angeworben, die die Bänke aufstellen sollten. Das Geld aber hatte er für sich verbraucht.

Na ja, das Geld war jedenfalls verbraucht und ich musste mir von meiner Mutter Geld leihen. Das war dann ungefähr das Ende unserer Ehe. Ich suchte mir einen Job bei einer pharmazeutischen Firma in Köln, um die Schäden gut zu machen, die da

Ellen Schimanski mit ihrer Mutter und ihren beiden Kindern

entstanden waren, während mein Mann in München das Schreibbüro weiterführte. Wir hatten da auch eine Angestellte. Das ging damals wunderbar. Und da wollte ich mich eigentlich von ihm trennen.

Danach habe ich mich irgendwann mit meinem kleinen Auto in Gelsenkirchen überschlagen. Das war ein solcher Schock, dass ich aufhörte, in Köln zu arbeiten und wieder nach Hause fuhr. Wir versöhnten uns und beschlossen, uns noch eine Chance zu geben. Und wir bekamen eine Tochter, die 1953 zur Welt kam.

Inzwischen, während der Schwangerschaft, hat mich mein Mann ziemlich drangsaliert und sich in dieser Zeit auch noch eine Freundin angeschafft. Sie war die Witwe eines Tankstellenbesitzers und schien eine gute Partie zu sein. Er verlobte sich mit ihr, während ich im Krankenhaus das Baby bekam. Als ich rauskam, da sagte er mir: „Ich lasse mich scheiden." Ich sagte: „Was mache ich mit unserem Baby?" Er antwortete: „Das ist mir egal, gib es ins Waisenhaus oder gib es zur Adoption frei. Ich will es nicht haben." Das war ein Schock.

Er hatte inzwischen eine Stellung als Ingenieur gefunden, als Batterievertreter. Da hatte er auch die Tankstellenbesitzerin kennengelernt. Ich war töricht und stolz, und nicht er hat dann die Scheidung eingereicht, sondern ich bin zum Anwalt gegangen. Das war im Jahr 1953. Der Rechtsanwalt hat einen Unterhaltsbeitrag von 120 DM veranlagt, damit konnte man nicht leben. Aber er hätte ja damals nicht mehr zahlen können und man wusste nicht, wie die Zeiten sich ändern würden.

Jetzt hatte ich die Schwierigkeit fürs Baby und fürs tägliche Brot zu sorgen. Ach, ich habe alles versucht. Ich hatte das Schreibbüro, das reichte mir dann nicht aus. Mein Vater hatte mir mal zu Weihnachten ein Vervielfältigungsgerät geschenkt. Und da bin ich am Tag losgegangen zu Firmen und habe um Druckaufträge geworben und sie nachts vervielfältigt. Für das Baby hatte ich ein Kindermädchen engagiert, na ja, es war eine bittere, bittere Zeit. Bis ich mich dann irgendwann nach zwei Jahren wieder bewarb in der Industrie und in meinem alten Beruf Fuß fassen konnte.

Dann lief unser Leben recht ordentlich. Durch meinen Beruf hatte ich immer Schwierigkeiten mit den Kindern. So konnte ich mich um mein Kleinkind gar nicht richtig kümmern. Es wuchs in Kindergärten und bei Bekannten auf, bis ich sie mit zehn Jahren auf Empfehlung einer Nachbarin in ein Kloster hier in Oberbayern gab. Da ging es ihr dann Gott sei Dank endlich besser.

Meinem Sohn fehlte auch der Vater. Unsere Verbindung war sehr intensiv. Die Geburt meiner Tochter verlief sehr schwierig. Es ging um Leben oder Tod und ich wollte leben für die Kinder. Und da habe ich in Gedanken meinen Sohn angerufen: Axel hilf mir! Und der ist aufgewacht, hat die Großmutter geweckt und gesagt: „Wir müssen für die Mami beten. Die Mami ruft mich". Irgendwann hat er dann gesagt: „Jetzt geht´s der Mami wieder gut. Jetzt können wir wieder schlafen".

Er war ein mittelmäßiger Schüler, hat aber mit 17 Jahren angefangen zu fotografieren. Er kam in die Lehre zu einem Meisterfotografen. Er hat als jüngster und bester Schüler die Prüfung gemacht.

Mein Vater starb als er erst 68 Jahre alt war. Ich erlebte das damals sehr intensiv. Meine Mutter rief hier an, dass er im Krankenhaus wäre und in der Nacht vorher habe ich geträumt, dass er vor Chirurgen lag, die in seinem Kopf hinten Schnitte machten. Ich fuhr dann gleich nach Hamburg und sah ihn an. Da waren keine Schnitte da. Ich habe zum Teil Wachträume. Während er sich schon nicht mehr äußern konnte, stand ich an seinem Fußende und hab ihn in Gedanken gerufen: Vater, hörst du mich? Mach noch mal die Augen auf! Sag mir, dass du mich hörst! Und der ganze Körper kriegte einen elektrischen Schlag, zuckte zusammen. Er machte die Augen auf und schloss

Ellen Schimanskis Sohn und Tochter unterm Weihnachtsbaum

Sohn und Tochter am Königssee

sie wieder. Dann verstarb er und meine Mutter und ich wollten ihn noch mal sehen. Und er hatte hier die Schnitte genau wie ich sie geträumt habe. Sie hatten ihn obduziert, ohne uns zu fragen.

Meine Mutter ist Hals über Kopf aus Hamburg weggegangen. Wir hatten sie gebeten, sich das zu überlegen. Ich sagte ihr: Wir haben uns nie gut verstanden. In Hamburg hast du deine Freunde und hier hast du niemand. Sie hat sich das aber nicht sagen lassen. Sie kam mit Sack und Pack hier an. Ich wollte sie nicht in der Wohnung aufnehmen. Da hab ich dann erst einmal ein möbliertes Zimmer für sie genommen. Dann hab ich diese Wohnung hier auf meinen Namen für meine Mutter gekauft. Unser Verhältnis war sehr schwierig. Sie meinte, sie müsste meinen Haushalt dirigieren und sagte zu meinen Hausmädchen: „Wenn ich hier bin, geschieht das, was ich sage." Das war eine schwere Belastung. Als sie Witwe wurde, war sie noch voll Lebenslust und lebensfähig, aber nicht gewohnt, allein zu leben und allein zu entscheiden. Seit ihrem zwanzigsten Lebensjahr war sie Ehefrau gewesen, und dass sie jetzt alleine leben musste, damit wurde sie nicht fertig. Und wir nicht mit ihr. Meine Tochter hat sich mit meiner Mutter immer gut verstanden, mit mir nicht immer.

1966 nach dem Tod meiner Mutter bin ich hier eingezogen und fühlte mich gleichzeitig in der Großstadt und in einem ländlichen Vorort. Dies hier war alles Garten und als meine Mutter noch lebte, saßen wir hier und tranken Kaffee und unten blühten die Kirschbäume. Und aus dieser Verbundenheit, die ich empfand, ist ein Heimatgefühl geworden. Ja, ich bin hier zu Hause.

Meine Mutter war Mitglied im „Seerosenkreis" einer Münchner Literaten- und Künstlervereinigung. Sie schrieb kleine Geschichten für die Familie. Meine Tochter hat das geerbt. Sie hat den Charme und die künstlerischen Neigungen meiner Mutter geerbt. Leider habe ich mich zu wenig um sie kümmern können. Eine Ausbildung zur Designerin hätte gut zu ihr gepasst.

Heute werden alleinerziehende Mütter sozialversorgt. Das gab es damals vielleicht auch schon. Aber ich wusste es nicht. Als ich da alleine war in unserer Wohnung, stürzte ich in ein Nichts. Heute würde man sagen: Gehen sie zum Sozialamt, dort können sie Hilfe finden. Aber auf die Idee kam ich nicht. Ich glaubte immer, ich muss mir alleine helfen. Da gab´s dann nur für Minderbemittelte Nothilfe oder so was, und die saß dann in einem verkommenen Haus hinter der Theresienhöhe. Und da wär ich doch nicht reingegangen. Und um etwas bitten, das hatte ich ja noch nie getan. Das war für mich unvorstellbar. Bis 1968 war ich noch als Pharmareferentin tätig. Und dann hab ich so Werbungen übernommen.

Mein Sohn war dann Hausfotograf für verschiedene große Baufirmen und fuhr für diese auch ins Ausland. Er kam nach Sri Lanka und hat dort einen Fahrer zugestellt bekommen. Mit dem hat er sich angefreundet. Er kam wieder zurück und hat in Vilsbiburg ein Fotogeschäft aufgemacht und ist damit reich geworden. Mit dem Geld ist er nach Sri Lanka gegangen und hat dort eine Teefarm aufgemacht und wurde in die Familie seines ehemaligen Fahrers integriert. 1972 hat er geheiratet – eine Dorfschönheit aus der Kufsteiner Gegend, die aus meiner Sicht Minderwertigkeitskomplexe hatte. Sie war ständig eifersüchtig und hat das Verhältnis zwischen mir und meinem Sohn hintertrieben, auch zu seiner Schwester, die er abgöttisch liebte. Er hat sich vollkommen von uns getrennt und ist vor drei Jahren in Sri Lanka an Krebs gestorben.

Meine Tochter ist inzwischen geschieden. Sie hat sich den falschen Mann ergattert. Einen Franzosen von einem Bauernhof, der dann bei sich zu Hause wieder der Macho war, wie die Franzosen manchmal so sind, und seine Frau vom Hof nicht auf die Straße gehen lassen wollte. Er erwartete auch, dass sie arbeitet, wie die Frauen im Dorf alle. Sie sagte: „ Nein, ich arbeite nicht, ich kümmere mich um meine Kinder." Sie hatten zwei Kinder.

Na ja, irgendwann, am 8. Oktober 1985, da bin ich nach Frankreich gefahren und habe sie heimlich mit den Kindern entführt. Ich hatte ihr noch ein Auto geschenkt, sie kam ja aus dem Dorf nicht raus, und mit dem Auto wurde sie unabhängig. Sie kam mit dem Auto mit Sack und Pack, das hatte sie heimlich, während ihr Mann arbeitete, eingeladen. Sie hatte alles, was sie brauchte, schon bei Freunden deponiert und ich nahm die Kinder mit meinem Auto mit.

Sie fuhr mit dem Gepäck und ich mit den beiden Kindern bei Nacht und Nebel von Straßburg, erst mal zum Gericht. Wir erhielten die Genehmigung, dass die Kinder mitfahren dürften, hierher nach München. Jetzt wohnt sie seit 20 Jahren in einer Parallelstraße. Meine Enkel sind zwei prachtvolle Menschen geworden. Der eine wurde vorige Woche 30 und der andere ist 31. Die haben auch ihre Partnerinnen, haben ihre eigenen Haushalte und Gott sei Dank geht es ihnen gut.

Ellen Schimanski 2012 auf ihrem Fahrrad

In der Zeit lernte ich einen Partner kennen, der zu uns zog, und das ist jetzt 44 Jahre her. Wir haben nicht geheiratet, er ist jünger als ich, und ich habe immer gesagt: „Wenn du eine Jüngere kennenlernst, bist du gebunden, das will ich nicht und ich will es auch nicht sein." Und das hat gehalten. So kam doch noch das Glück.

„Jetzt muss ich mal rechnen. 1915 geboren." Ja, ich bin 97 Jahre. In meinem Leben erinnere ich mich an alles und auch mit Freude. 44 Jahre mit meinem Partner. Sie wissen ja, Zweisamkeit ist nicht immer nur friedlich. Aber wir haben viel Schönes erlebt. Wir haben wunderbare Reisen gemacht. Jetzt will er mich zu einem Flug nach Teneriffa überreden. Ich habe keine Kraft mehr, das strengt mich zu sehr an. Aber die Familie sagt, wir bringen deinen Koffer zum Flugzeug und dann finden sich Leute, die dir das tragen. Mein Freund ist ja auch schon 82. Er kann nicht auch noch mein Gepäck bewältigen.

Gerade unsere Generation hat so vieles erleben müssen. Das können sich die jungen Leute heute nicht mehr vorstellen.

---

1 Als Rübenwinter wird normalerweise der Winter 1916/17 bezeichnet, als die Versorgungslage dazu zwang, Kartoffeln, die damals Hauptnahrungsmittel waren, durch Rüben zu ersetzen.
2 Paul von Hindenburg wurde am 26. April 1925 erstmals zum Reichspräsidenten gewählt.
3 Friedrich Ebert, deutscher Reichspräsident und Parteivorsitzender der SPD, starb am 28. Februar 1925 in Berlin.
4 Deutscher Reichskanzler und Reichsminister des Auswärtigen, starb am 3. Oktober 1929 in Berlin.
5 Bis 1933 Verein für das Deutschtum im Ausland, 1933 umbenannt in Volksbund für das Deutschtum im Ausland.
6 Die Propaganda des Nationalsozialismus behauptete Ende April 1945, dass in Südbayern und Österreich eine „Alpenfestung" vorbereitet sei. Widerstandskämpfer um Hauptmann Rupprecht Gerngross (* 21. Juni 1915 in Shanghai; † 25. Februar 1996 in Deisenhofen bei München), Chef der Dolmetscherkompanie des Wehrkreises VII in der Münchener Saarkaserne, entschlossen sich daher, zur Vermeidung weiteren Blutvergießens die Bewohner zur Kapitulation aufzufordern. Ihre Initiative nannten sie „Freiheitsaktion Bayern". Es sind mehr als 40 Aufständische bekannt, die den Aufrufen der Freiheitsaktion Bayern gefolgt waren und kurz vor Kriegsende ermordet wurden. 1947 wurde der frühere Feilitzschplatz zu Ehren der Widerstandsbewegung in Münchner Freiheit umbenannt.

aufgezeichnet von Marianne Steffen

Robert Owens –
Auf der Suche nach Wahrheit und Schönheit

ROBERT OWENS

Robert Lee Owens wurde im September 1925 in Denison, Texas, USA geboren. 1927 zog die Familie nach Berkeley, Kalifornien.

Owens begann mit vier Jahren Klavier zu spielen, mit acht Jahren zu komponieren und mit zehn Jahren hatte er seinen ersten öffentlichen Auftritt. Mit 15 Jahren war er der Solist in einem von ihm selbst komponierten Klavierkonzert, das mit einem Jugendsinfonieorchester aufgeführt wurde.

Schon seit seinem achten Lebensjahr hatte er den Wunsch, in Deutschland Musik zu studieren, da er die deutschen Musiker für die größten der Welt hielt.

Obwohl seine Muttersprache Englisch ist, hat er dazu (auf Deutsch!) den folgenden Text zu seinem Leben geschrieben:

Mit Wehmut blicke ich zurück auf meine Kindheit und Schulzeit in Berkeley. Trotz meiner Frohnatur und vielseitiger Begabungen in Musik und Kunst im Allgemeinen, wuchs ich in einer stillen Einsamkeit auf – geprägt von innerem Verlangen nach einer Welt, die ich am Klavier in den Werken der deutschen Komponisten Bach, Beethoven, Brahms, Schubert und Schumann fand. Diese Musik war früh meine Welt.

Eigentlich lebte ich in zwei Welten: Das normale Leben eines heranwachsenden Kindes zum Teenager und zum jungen Mann und mein kleines privates Leben, in dem Schönheit, Kunst, Empfindungen, Sehnsüchte, Liebe und viele weitere noch unfassbare Gedanken, Gefühle und Hoffnungen schwebten.

Robert Owens als 85-Jähriger

Fünf Phasen meines Lebens

Phase I 1925–1942

Meine Mutter Alpharetta Helm-Owens war eine Schönheit und eine brillante Pianistin. Sie war mein Vorbild und stammte aus einer sehr musikalischen Familie, die ich nie kennenlernte – eine tragische Geschichte.

Als ich mich mit vier Jahren an das Klavier setzte, tauchte ich ein in die geheime Welt der Musik, lauschte und entdeckte ihre Sprache und begann, sie zu verstehen, zu interpretieren und selbst eigene Musik zu schreiben.

Als ich acht Jahre alt war, erkrankte meine Mutter an TBC und musste in ein Sanatorium. Vier Jahre später kam sie nach Hause, um zu sterben. Sie war damals 28 Jahre! Ich blieb als 12-jähriges Kind zurück mit meinem 29-jährigen Vater Robert Lee Owens Senior und meiner Tante Hazel Smith. Beide ahnten nicht, was mich wirklich bewegte, denn sie waren weder musisch noch musikalisch. So stand ich alleine da mit meiner noch sehr jungen künstlerischen Seele und musste meine inneren Kräfte organisieren und meine eigene innere Welt aufbauen, da vorläufig außer meiner Klavierlehrerin und der Leiterin der Berkeley Bibliothek noch keine verwandten Seelen vorhanden waren.

Eigentlich hatte ich mich ziemlich früh entschlossen, nach Europa zu fahren. Ich erinnere mich sehr deutlich an den Tag, an dem ich mit acht Jahren meinem Vater sagte: „Wenn ich groß bin, fahre ich nach Deutschland." Mein Vater hielt kurz inne, blickte mich etwas erstaunt an und antwortete: „Fahr nur."

Zwölf Jahre später (1946) als ich tatsächlich nach Europa fuhr – leider nicht nach Deutschland (weil es noch in Trümmern lag), sondern nach Paris – war er sehr enttäuscht und sehr dagegen.

Robert Owens als 25-Jähriger

Mit 17 Jahren beendete ich meine Schulbildung mit einem Diplom, durch das ich die Hochschulreife erhielt.

In den letzten Jahren meiner Schulzeit lebte ich sorglos und glücklich und hatte auch vielerlei Gelegenheiten, mich musikalisch zu betätigen. Aber ganz im Inneren meines Herzens sehnte ich mich noch nach anderen Dingen: Sprachen zu lernen (ich lernte später Französisch, Dänisch, Deutsch und etwas Italienisch), Menschen in ihrer Lebensweise zu verstehen und auch selbst mehr Verständnis für meine kulturellen und spirituellen Bedürfnisse zu erfahren.

Dann aber kam der Krieg.

Phase II 1943–1945

Ich wurde 1943 in die Armee eingezogen. Zu der Zeit wurde die Gesellschaft in Amerika in zwei Farben aufgeteilt: Black and White. Alle Menschen, die irgendwie farbig aussahen, wurden als „Colored" eingestuft und so lebte ich beim Militär zum ersten Mal in meinem kurzen Leben nur unter „Schwarzen". Es war für mich (und sicher auch für viele andere) ein Kulturschock!

Da beim Militär solche Tugenden wie Gefühle, Menschlichkeit, Seele, Bildung oder Humanität nicht gefragt waren, gab es meine Welt plötzlich nicht mehr. Ich war nur eine Nummer und noch schlimmer: nur eine schwarze Nummer!!!

Aber nach sechs Monaten Dienst in Mississippi und Alabama wurde ich in ein Lager nach Arkansas geschickt und dort waren unsere Baracken der Company C (schwarze Soldaten) zwar weit entfernt von denen der weißen Soldaten, dafür aber direkt – nur durch einen Stacheldraht getrennt – neben dem Lager der deutschen Kriegsgefangenen.

Das war meine erste Chance, deutsche Menschen kennenzulernen. Abends ging ich zum Stacheldraht und bald hatte ich mich mit sechs jungen Soldaten angefreundet. Wir waren alle 19 Jahre alt. Wir haben Musik sowie deutsche und englische Bücher ausgetauscht. Von Seiten der Militärführung war das natürlich streng verboten, aber es war mein erster Schritt in Richtung Deutschland und ich hatte wirklich nichts Besseres zu tun.

1945, als der Krieg zu Ende war, wurde ich aus der Armee entlassen. Ich fuhr nach Hause nach Berkeley und wollte endlich nach Europa.

Da mein Wunsch, in Deutschland zu studieren, nachkriegsbedingt nicht realisiert werden konnte, habe ich mich mit großer Vorfreude auf meine Aufnahmeprüfung im Fach Klavier am „Conservatoire de Musique" in Paris vorbereitet. Amerika Ade!

Phase III 1946–1958
Paris – endlich Europa!

Rechtzeitig erreichte ich New York. Dann aber musste ich noch eine große Hürde überwinden. Es fand nämlich zu jener Zeit ein Streik statt: Kein einziges Schiff fuhr nach Europa. Zum Glück bekam ich beim CVJM, dem „Christlichen Verein junger Männer", ein Quartier, das ich bezahlen konnte, denn es kostete nur einen Dollar pro Nacht. Jeden Tag ging ich zum Hafen und es gelang mir dann auch, mich mit dem ersten möglichen, allerdings sehr kleinen Schiff, das nur Männer mitnahm, einzuschiffen.

Robert Owens in Paris während des Studiums der Musik (1947)

Auf dem Schiff war auch ein belgischer Priester, dem auffiel, dass ich täglich – auch bei großen Stürmen – auf einer stummen Tastatur Klavier übte. Eines Tages kam er in seiner schwarzen Robe auf mich zu und fragte mich auf Französisch nach dem Grund meines Klavierspielens. Da ich schon begonnen hatte, Französisch zu lernen, konnte ich es ihm erzählen.

Nach der Landung verbrachte ich dann zusammen mit dem Priester meine ersten Nächte in Paris bei seiner Tante und später half er mir auch, im Amerika-Haus in der „Cité Universitaire International" ein Zimmer zu finden. Es war das Zimmer 205, in dem ich vier Jahre blieb.

Jetzt begann mein wirkliches Leben, und zwar mit dem Musikstudium in der „Ecole normale de Musique". Es waren vier Jahre mit über tausend Stunden am Klavier, Konzerten, Theaterbesuchen, Ballettaufführungen, Kunstausstellungen und literarischen Lesungen. Ich tauchte ein in das Leben des Paris der Nachkriegszeit. Anfangs gab es kein Geld, wenig zu essen und anzuziehen, keine Heizung, dafür aber Hunger nach lernen, leben und den Wunsch, sich selbst zu verwirklichen. Aber auch die Kultur fing wieder an zu blühen. Es war eine wundervolle Zeit und ich war selig.

Mit meinem von Alfred Cortot ausgestellten „Diplome de Parfaitement de Piano" verließ ich Paris. Ich hatte das Gefühl, endlich erwachsen geworden zu sein.

Weil ein Freund mir ein preiswertes Quartier vermitteln konnte, ging ich von Paris aus nach Kopenhagen. Dort hatte ich mein Debut als Konzertpianist mit Werken von Scarlatti, Beethoven, Chopin und auch eigenen Kompositionen. Aber das Geld war knapp. Daher bewarb ich mich als Statist am Theater, scheute aber auch nicht davor zurück, im Tivoli, als Araber verkleidet, Teppiche zu verkaufen.

Ich blieb drei Jahre in Dänemark. Zurückblickend waren diese Jahre eine erfüllte Zeit weiterer menschlicher und musikalischer Reifung in diesem freidenkenden und wunderbar toleranten Land.

Damals machte ich auch eine Reise nach Wien und dadurch wurde mein Wunsch, deutschsprachige Musiker in einem deutschsprachigen Land zu studieren, wieder so stark, dass ich beschloss, mein Studium in Wien an der berühmten „Akademie für Musik und darstellende Kunst" unter Prof. Grete Hinterhofer fortzusetzen. Ich blieb vier Jahre dort. Wie schon in Paris saß ich jeden Tag an die sechs Stunden übend am Klavier und abends ging ich ins Konzert, in die Oper oder ins Theater. Die Kunst war nun mein Leben.

Da ich dringend Geld verdienen musste, ging ich nach Abschluss der Ausbildung für zwei Jahre zurück in die USA, und zwar als Dozent an das Albany State College in Georgia. Kulturelle Ereignisse von der Qualität wie ich sie in Paris oder Wien kennenlernen durfte, wurden jedoch hier nur selten angeboten.

Phase IV 1959–1961
Deutschland das Ziel meiner Träume!
„Mehr als 25 Jahre habe ich auf ihre Erfüllung gewartet! Aber nun, Vater, bin ich doch angekommen." Ich fuhr zuerst nach Hamburg und fühlte mich gleich wie zu Hause.

In Hamburg komponierte ich u. a. Werke wie „Tränenlos", einen Liederzyklus für Bariton und Piano, der an der Hamburger Staatsoper mit Lawrence Winters uraufgeführt wurde. Außerdem komponierte ich auch Lieder auf Gedichte von Eichendorf (Morgendämmerung, Der verliebte Reisende, Die Nacht) oder von Hesse (Eine Geige in den Gärten, Fremde Stadt, Im Nebel).[1]

1961 nahm ich an einem Wettbewerb teil und schrieb nach einem Libretto von Frau Dr. Vera Prill-Schwantes, die Lektorin am Musikverlag Sikorski war, die Klavierpartitur zu meiner Oper „Kultur, Kultur". Wir haben leider nicht gewonnen.

Ich trat in verschiedenen Hamburger Sälen in Konzerten auf, aber auch im Rundfunk, und meine ersten Werke wurden vom Sikorski Verlag herausgegeben. Schon in Wien hatte ich Deutsch gelernt und sprach es unterdessen fließend. Und auch hier in Hamburg konnte ich mir wieder Geld als Statist am Theater verdienen. Als ich eines Tages gefragt wurde, ob ich mich auch als Schauspieler versuchen wollte, bejahte ich es freudig. Man drückte mir ein Textbuch in die Hand und sagte mir, ich solle mich damit bei den Hamburger Kammerspielen bewerben. So bekam ich meine erste Rolle. Es war die des farbigen Heizers Trim in der Erstaufführung von „Über den großen Strom" von Beverley Cross. Bald darauf bekam ich dann auch mein erstes Engagement im Fernsehen und zwar als Balthasar, der Mohr unter den Heiligen Drei Königen in „Michas Weg nach Bethlehem."

In der Folge bekam ich immer wieder Rollen in den Hamburger Kammerspielen, u. a. auch ein Engagement für den Butler in Tennesse Williams Stück „Die Katze auf dem heißen Blechdach", in dem unsere Chefin, Ida Ehre, die „big mama" spielte. Auf der Hinterbühne warteten wir geduldig auf unseren Auftritt. Da in der Zeitung zu jener Zeit tägliche Berichte über das Thema „Rettet die Tiere" geschrieben wurden, sagte ich zu Frau Ehre im Verlauf eines Gesprächs: Sie sollten vielleicht auch ein paar Zeilen zum Thema „Rettet die Menschen" bringen. Frau Ehre schaute mich prüfend an, drückte mich am Arm und sagte: „Sie sind ein guter Mensch." Dann fiel unser Stichwort und wir mussten auf die Bühne. Erst danach habe ich von ihrem Schicksal als Jüdin erfahren. „Rettet die Menschen" hatte für sie dadurch eine ganz besondere Bedeutung. Ihr, die – wie ich erst später erfuhr – auch an der Wiener „Akademie für Musik und bildende Kunst" studiert hatte, verdanke ich, dass ich immer wieder Schauspielengagements an den Hamburger Kammerspielen bekam, und sie hat sich auch dafür eingesetzt, dass ich meine Verpflichtungen lösen konnte, als ich nach München gehen wollte.

Robert Owens als Balthasar in „Michas Weg nach Bethlehem" (1961)

Durch die Schauspielerei wurde mein Wille geweckt, auch perfektes Bühnendeutsch zu sprechen und heute nach all den Filmen, Fernsehengagements und Theateraufführungen in Deutschland, Österreich und der Schweiz muss ich sagen, dass ich mit meinem Deutsch ganz zufrieden bin. Es ist eigentlich ein Wunder.

Die folgende Episode hat mein weiteres Leben dann entscheidend verändert: 1961 trat ich das erste Mal auch in einem Film auf, und zwar unter der Regie von Erik Ode in „Heute gehn wir bummeln". Ich hatte dort nur einen kleinen Auftritt als Ballettmeister und musste u. a. sagen: „Was ist das für ein Käse?" Aber die Art, wie ich diesen Satz sprach, hat einen Reporter so begeistert, dass er mir seine Visitenkarte gab und mir nahelegte, nach München zu kommen.

Dort angekommen, vermittelte er mir einen Kontakt zu der Schauspieler-Agentur von Margit de la Berg, die mir bald darauf eine Rolle in einem weiteren Film unter der Voraussetzung anbot, dass ich in München wohne.

Phase V 1962–2011
München!
Schon im Sommer 1962 war es schwierig, in München ein preiswertes Quartier zu finden, und so fand ich es zuerst im CVJM in der Landwehrstrasse.

Beim Bummeln durch die Stadt sah ich zufällig, dass im „Intimen Theater" am Odeonsplatz, das es heute nicht mehr gibt, die „Ehrbare Dirne" gespielt werden sollte, ein Stück, in dem ich bereits in den Hamburger Kammerspielen aufgetreten war. Ich fragte, ob ich dort mitspielen könne, wurde gefragt, ob ich textsicher sei, was ich bejahte, und wurde sofort angenommen, denn am nächsten Tag war Premiere. Das Stück wurde den ganzen Sommer gespielt und so gab es mir die Gelegenheit, etwas Geld zu verdienen.

Da ich bald durch das Fernsehen viel zu tun hatte, beschloss ich, das Zimmer, das ich in Hamburg noch hatte, zu kündigen, mein Klavier zu nehmen und nach München zu ziehen. Weil das Geld vorerst nur für das Nötigste reichte, lebte ich – nach dem CVJM – zunächst in Wohngemeinschaften bis ich mir schließlich nach einigen Zwischenstationen eine eigene Wohnung in der Schleißheimer Straße leisten konnte, in der ich seit Mai 1970 wohne. Es war eine der besten Entscheidungen meines Lebens. Meine Zeit war ausgefüllt mit Musizieren, Komponieren und der Schauspielerei.

Die ehrbare Dirne, das erste Stück, in dem Owens 1962 in München mitspielte.

1964 wurde ich mit dem Orchestrieren meiner Oper „Kultur! Kultur!" fertig. 1970 hatte sie dann endlich im „Neuen Theater" in Ulm ihre Uraufführung. Es war ein Riesenerfolg. Obwohl ich an dem Abend eigentlich in München im „Theater 44" im Zweipersonenstück von Leroy Jones „Der Dutchman" auftreten musste, gab der Intendant mir und meiner Partnerin (Irmhild Wagner, seiner Frau) frei und so konnten wir zu dritt nach einer Fahrt durch Eis und Schnee an der Uraufführung teilnehmen und uns an dem Erfolg erfreuen. In München habe ich dafür die tz-Rose* bekommen.

Außer im Theater 44 trat ich in München z. B. auch in der Komödie im Bayerischen Hof, im Residenztheater, im Marstalltheater, in der „Kleinen Freiheit", im Theater an der Leopold- oder im Theater an der Brienner Straße als Schauspieler auf. Einige Male im „Theater am Einlass" sogar als Regisseur und Hauptdarsteller zugleich (z. B. 1977 in Ionescos „Unterrichtsstunde" oder 1978 in Saunders „Nachbarn").

Robert Owens als Regisseur und Hauptdarsteller in „Nachbarn", Theater am Einlass (1978)

Als Schauspieler haben mir besonders gefallen die Rolle des Onkel John in „Süden" (Julien Green), die Rolle des Midge in „Ich bin nicht Rappaport" (Herb Gardner) und – natürlich – die Rolle als „Othello", die ich auf einer Dreiländertournee in Deutschland, der Schweiz und in Österreich spielen konnte.

Häufig habe ich auch die Rolle des Chauffeurs Hoke Coleburn in „Miss Daisy und ihr Chauffeur" (Alfred Uhry) gespielt, z. B. 1993 in München oder auch als mein bisher letztes Engagement 2007/08 im Theater in der Josefstadt in Wien.

Robert Owens und Rolf Schulz in „Süden", Bochumer Schauspielhaus (1988)

Lola Müthel und Robert Owens in „Miss Daisy und ihr Chauffeur", Komödie im Bayerischen Hof (1993)

Es hat mich auch immer wieder gefreut, wenn ich die Gelegenheit bekam, Bühnenmusiken zu komponieren, vor allem dann, wenn ich in demselben Stück auch noch als Schauspieler auftreten konnte. Mit besonderem Vergnügen erinnere ich mich in diesem Zusammenhang an das Singspiel „Betrogene Betrüger" von Goethe, das 1977 aus Anlass einer Münchner Kulturwoche vor dem Karlstor aufgeführt wurde.

Als Pianist war ich ein vielgefragter Liedbegleiter, aber ich spielte auch gern sowohl das klassische Repertoire als auch meine eigenen Kompositionen.

Besonders oft habe ich im Bayerischen Rundfunk und in Konzerten mit dem Bariton Kieth Engen musiziert, mit dem ich seit meiner Schulzeit befreundet bin und für den ich viele Lieder komponiert habe, da er mich als seinen „Hauskomponisten" ansah. Z. B. spielte ich 1974 mit ihm zusammen im Cuvilliés-Theater. 1976 begleitete ich ihn im Rahmen der Münchner Festspiele auf einem Liederabend. Zum 50. Todestag von Hugo von Hofmannsthal musizierten wir am 15. Juli 1979 zusammen im Festsaal des Schlosses Neubeuern. Zu diesem Anlass vertonte ich drei Lieder von Hofmannsthal.[1]

Robert Owens und Kieth Engen (1979)

Am 10. Juli 1982 gab ich einen Liederabend im Festsaal des Dachauer Schlosses, an dem mehr als 50 meiner Lieder von verschiedenen Interpreten vorgetragen wurden, u. a. wieder von Kieth Engen, aber auch von dem Tenor John van Kesteren. (Die Kritik von Albrecht Roeseler in der Süddeutschen Zeitung begann mit den Worten: „Hätte ich gewusst, dass es so schöne Lieder sind, wäre ich mit der ganzen Familie gekommen." – Seine Worte haben mich natürlich sehr erfreut.) Leider ist Kieth Engen inzwischen gestorben.

1983 orchestrierte ich das schon 1958 als Klavierfassung entstandene Werk „Fields of wonder", das am 16. und 17. Juli 1983 im großen Barocksaal des Schleißheimer Schlosses mit John van Kesteren und dem Münchener Kammerorchester unter Hans Stadlmeier aufgeführt wurde. In derselben Besetzung gibt es auch eine wunderschöne CD.[2]

Im Juni 2010 wurde ich mit einem neuen Werk fertig, das ich alleine aufführen kann. Zu Texten des großen in Afghanistan geborenen Sufi-Mystikers Dschalal ad-Din ar-Rumi (1207–1273, der im Jahr 2007 anlässlich seines 800. Geburtstags auch von der Unesco geehrt wurde) habe ich ein Werk für Sprechstimme und Klavier komponiert, genannt: „Die Musik, die wir sind."[3] Nach privaten Vorführungen in München, Wien und Heidelberg kann ich das Werk jetzt am 2. Mai 2011 in der Seidl-Villa in München öffentlich vortragen.

Ich lebe jetzt seit fast 50 Jahren in München. Hier habe ich mich in viele Richtungen entwickelt, mich in das Dasein vertieft und habe durch das Wort und die Musik viele Menschen seelisch erreicht. Ich kann ehrlich sagen: „Ich liebe und achte die Menschen."

Und es geht weiter!!!

München, 3. Februar 2011
Robert Owens

Das waren die Worte von Robert Owens selbst. Ich möchte abschließend einige eigene Gedanken hinzufügen.

Ja es geht weiter: Aber wie geht es weiter vier Jahre nach dem letzten großen Auftritt als Schauspieler, vor allem, wenn man bedenkt, dass Robert Owens von sich sagt: „Ich bin ein Theaternarr und liebe es, mit interessanten Regisseuren und Kollegen zusammenzuarbeiten."

Vielleicht geben seine 1988 anlässlich eines Interviews gesprochenen Worte zu „Ich bin nicht Rappaport" einen Hinweis: „(Hier) verkörpere ich einen alten Mann (Midge), der sich realistisch mit den Alltagsproblemen auseinandersetzt. Der Midge ist mir deshalb sympathisch, weil er immer weiß, was er tun muss, um irgendwie durchzukommen."

Robert Owens ist „häuslicher" geworden. Er lebt in München in seiner gemütlichen Wohnung und beschäftigt sich mit neuen Kompositionen.

In dem großen Wohnzimmer mit Sofa, Esstisch, Bücherregal und Fernseher gibt es auch ein Tischchen mit „Nippes", auf dem u. a. ein „Oskar" steht, der ihm von den Bühnenarbeitern des Theaters an der Josefstadt (Wien) anlässlich seiner Rolle als Midge verliehen wurde. Im kleineren Arbeitszimmer stehen Klavier, Schreibtisch und Computer. Außerdem gibt es

Robert Owens und Otto Schenk in „Ich bin nicht Rappaport" (1988)

ein Schlafzimmer, Küche, Bad und Toilette, wobei in letzterem Raum alle Wände voll hängen mit Plakaten von Aufführungen, an denen er als Schauspieler oder Musiker teilgenommen hat.

Der Künstler hat zeitlebens die Ankündigungen seiner Auftritte, aber auch die Kritiken aufbewahrt und findet sie auch sofort, wenn sie vor dem Tag „X" abgelegt worden sind, an dem in seinen Schränken noch Platz war. Aber nach über 50 Jahren künstlerischer Betätigung sind alle Behältnisse voll und es ist auch kein Platz mehr vorhanden, weitere Regale in einer für einen älteren Herren erreichbaren Höhe anzubringen.

Plakat mit Robert Owens als „Othello" Plakat mit Robert Owens als der „Mann am Klavier"

Für Herrn Owens ist Aufräumen eine zeitraubende und unkreative Beschäftigung, vor allem, weil ihm der Kopf voller Musik ist, die aufgeschrieben werden möchte und so kann es schon vorkommen, dass ein Sessel erst leer geräumt werden muss, ehe er besetzt werden kann.

Es herrscht ein kreatives Chaos – auf Tischen, Sesseln und Liegen. Nicht aber an den Wänden, denn dort hängen Bilder wie z. B. jenes, das ihn selbst darstellt und das von dem bekannten oberbayerischen Porträtmaler Toni Oberniedermayer gemalt worden ist.

Der schlanke, hochgewachsene 85-Jährige lebt allein, muss für sich einkaufen und auch kochen bzw. das tun, was er unter „Kochen" versteht (das ist auch eine eher lästige und zeitraubende Beschäftigung), und dann muss und will er, der als junger Mensch in Paris „le petit Chopin" genannt wurde, jeden Tag Klavier spielen und gymnastische Übungen machen, um beweglich zu bleiben. Das heißt, er hat subjektiv schlichtweg keine Zeit für solche Dinge wie „Haushalt". Aber zum Glück hat er gute Freunde: Frank, Ingrid und Erich, die ihm von Zeit zu Zeit helfen, sein Chaos zu minimieren.

Herr Owens ist ein sehr bescheidener Mensch. Auf die Schauspielerei ist er – wie er selbst sagt – „durch Zufall" gekommen. Denn da er von seiner Musik nicht leben konnte, bewarb er sich beim Theater, bei Filmen und im Fernsehen als Statist, wurde aber relativ bald, wenn ein „Schwarzer" gesucht war, auch für kleinere Rollen eingesetzt.

Da sich sehr schnell herausstellte, dass er außer seinem musikalischen auch ein sehr großes schauspielerisches Talent hat, bekam er, der fast akzentfrei deutsch spricht und als „sehr wandlungsfähig" gilt, mit der Zeit auch größere Angebote. 30 Jahre nach seinen „Anfängen" schreibt „Der Bund" am 5. Oktober 1988: „Der schwarze Amerika-

Robert Owens gemalt von Toni Oberniedermayer (1970)

ner Robert Owens wird immer dann eingesetzt, wenn auf deutschsprachigen Bühnen wichtige Negerrollen zu besetzen sind." (Ab und zu spielte er jedoch auch „weiße" Rollen, wie z. B. in Goethes „Jahrmarktsfest zu Plundersweilern" oder in Kishons Komödie „Es war die Lerche".)

Kritiken würdigen vor allem seinen Humor und seine von Humanität getragene Interpretation der Rollen. Ich möchte einige Beispiele anfügen.

- Zu Goethes „Betrogene Betrüger", aufgeführt in der Münchner Fußgängerzone: „Der eigentliche Gewinn dieser Aufführung ist aber Robert Owens, der als Darsteller in der Rolle des Geizkragens sich in makabre Dimensionen hineinspielt, als Komponist der verbindenden Singspielmusik aber dem ganzen eine Atmosphäre gibt, die über das kurze Schauspielereignis hinausträgt."
- Zu Ionescos „Unterrichtsstunde" im Theater am Einlass: „Wenn man die … Aufführung im Pariser Theaterchen am Montparnasse kennt, ist man überrascht, auf welche andere, sozusagen humanere Wellenlänge es hier gebracht ist. Sein (Owens) omnipotenter Professor … strahlt Reife und Ausgewogenheit aus. … Eine imponierende Leistung."
- Oder zu Uhrys „Miss Daisy und ihr Chauffeur": „Owens schlüpft nur allzu gern in die Haut des Hoke Coleburn: Er versteht es, ihn mit dem Stolz des Gedemütigten, der Listigkeit eines Schlitzohres und dem Herzen eines Weisen auszustatten."

Owens hatte außer am Theater auch Rollen in mehr als zehn Fernsehproduktionen z. B. als Tsilla Mamadu in „Dann geh zu Thorp", als Hali Alani in der „Südseeaffaire" oder als Beku Mayomba in „Wie starb Dag Hammerskjöld?".

Aber dennoch galt und gilt seine große Liebe nach wie vor der Musik: dem Klavierspiel und dem Komponieren. Zeitlebens ist Owens besonders gern als Interpret seiner eigenen Werke aufgetreten und freut sich auch jetzt noch über jede Gelegenheit, seine Werke anderen Menschen vorzutragen.

Gern würde er noch erleben, dass seine Oper „Kultur, Kultur" ein weiteres Mal aufgeführt wird. Das Libretto dieser Oper (mit dem Untertitel: Wie hält man Kunst in Betrieb?) handelt von einem Komponisten, der über sich selbst sagt: „Wenn die Musik in mir erklingt, … bin ich's ja nicht, der dies erfand – ein anderer hat mich an der Hand und schreibt durch mich auf's Notenblatt, was er der Welt zu sagen hat." Die Oper wurde in der tz vom 12. Februar 1970 gelobt „als kompositorisches Meisterwerk mit glänzenden Einfällen" und – wie oben schon gesagt – mit der tz-Rose ausgezeichnet.*

Großartige Kompositionen mit glänzenden Einfällen sind auch heute noch ein „Markenzeichen" des Künstlers.

Sein bisher vorletztes Konzert in Deutschland fand am 13. Januar 2007 im großen Konzertsaal der Musikhochschule in München statt. Es hatte Lieder, aber auch Sonaten für Flöte und Geige von ihm selbst auf dem Programm, die er sämtlich (damals noch im jugendlichen Alter von 81 Jahren!) am Klavier selbst begleitete. Das Motto des Konzertes war: „Auf der Suche nach Wahrheit und Schönheit…"

Deckseite des Programmhefts zum Konzert am 13. Januar 2007 mit ausschließlich eigenen Werken des Künstlers

In Deutschland fand sein bisher letztes Konzert – wie geplant – am 2. Mai 2011 im überfüllten Festsaal der Seidlvilla in München statt. Es war das Werk „Die Musik, die wir sind" für einen Sprecher und ein Klavier nach Texten von Dschalal ad-Din Mohammed ar-Rumi, das er knapp ein Jahr zuvor beendet und auch auf CD aufgenommen hatte.[3]

Mit viel Liebe und Ausdruckskraft interpretierte der nun schon 85-jährige Künstler die Musik und die teils ernsten, teils auch sehr humorvollen Texte vor einem begeisterten Publikum. Danach gefragt, welche Botschaft von Rumi er den Besuchern mitgeben möchte, nennt er Zeilen aus dem „Gasthaus":

„Ein Gasthaus ist dieses menschliche Dasein…
Heiße alle willkommen und mach´s allen schön…
Behandle jeden Gast mit Respekt.
Vielleicht schafft gerade er in Dir Platz für ganz neue Wonnen.
Sei dankbar für jeden, der kommt."

Nachdem Owens seinen Bekannten mitgeteilt hatte, dass er Musik zu Gedichten von Rumi geschrieben hatte, bestellte eine in Holland lebende Künstlerin sofort für sich selbst zwei Lieder für Mezzosopran und Cello und später auch noch zwei weitere Kompositionen für Mezzosopran und Bratsche nach Gedichten von Rumi.

Auch seine Freunde in den USA waren von dem Werk begeistert und baten ihn, „Die Musik, die wir sind" auch in Englisch, seiner Muttersprache, auf einer CD aufzunehmen. Sie würden eine Tournee für ihn organisieren, damit er seine Interpretation dort selbst vortragen könne.

Da zu einem der Konzerte auch die holländischen Künstler kommen wollten, wünschten sie auch noch ein Werk für Mezzosopran, Bratsche, Cello und Klavier. Zusätzlich bestellte ein Französisch sprechender Freund auch noch vier Lieder auf Gedichte von Rimbaud. All diese Werke hat Owens in dem letzten halben Jahr komponiert und auch die englischsprachige CD ist fertig.

Am 6. Februar 2012 ist er in die USA gefahren. Das erste Konzert fand in Irvine (Kalifornien) statt, weitere folgten in Tucson, Dallas, Nebraska, Ohio und Gettysburg (Pennsylvania).

Zwar ist Herr Owens bereits 86 Jahre alt, hat aber trotzdem alle von ihm komponierten Werke auch selbst am Klavier vorgetragen. Er freute sich auf die Konzerte, denn auch wenn er seine Werke vor allem komponiert, um die Wahrheit, die in den Texten steht, zu verdeutlichen, so genießt er doch auch die öffentlichen Auftritte.

Am 8. März 2012 ist er wieder nach München zurückgekehrt. Er sagt, dass er gern nach Deutschland und speziell auch nach München zurückgekommen ist, denn er liebt die deutsche Sprache und hier, in seiner Wahlheimat, leben auch einige seiner besten Freunde.

Wichtig ist für Owens – auch noch jetzt in seinem hohen Alter – dass er versucht, die Menschen zu verstehen und in jedem Menschen das Positive zu finden, denn er ist davon überzeugt, dass er sich nicht mit negativen Emotionen belasten darf, wenn er in seinen Werken Wahrheit und Schönheit darstellen will.

So würde er sich zwar sehr wünschen, dass er auch hier noch einmal seinen Rumi öffentlich vortragen könnte, aber er wird auch ohne Zorn leben, wenn es nicht so ist. Er wird seine Liebenswürdigkeit nie verlieren und weiter komponieren, auch wenn es nur für ihn selbst ist.

Und so schließt sich der Kreis, wenn auch nicht geographisch, so doch spirituell: Schon als Kind war die Musik seine Welt, in der „Schönheit, Kunst, Empfindungen, Sehnsüchte, Liebe und ... Hoffnungen schwebten" und im Alter ist es auch wieder die Musik, die für ihn das Leben interessant und lebenswert macht.

Im Kulturmagazin „AnDante"[4] (S. 16) kann man über ihn lesen: „Der begnadet vielseitige Komponist fokussiert immer auf ein bestimmtes Ziel und diese Bestimmung lautet Menschlichkeit. Humanität ist für ihn eine Herzensangelegenheit ... Den Aspekt der Menschlichkeit plaziert er bedingungslos, unnachgiebig und konsequent stets auf die allerhöchste Relevanzstufe."

Ich möchte Herrn Owens abschließend für seine Geduld danken, mit der er meine Fragen beantwortet hat, und auch für das Vergnügen, den Schilderungen der Stationen seines Lebens zuzuhören. Ich glaube, dass wir von ihm lernen können, dass wir in schwierigen Situationen nicht verzweifeln müssen, sondern dass es möglich ist, sie als Chance für persönliches Wachstum anzunehmen.

„Wie viele sind fixiert auf Tod und Materie.

Und sie misstrauen dem Meer der Seele.

Doch Zweifel kann man zerstreuen!

Nutze die Nacht, um Dein Klarsein zu wecken."

Aus Rumi (Diebe der Nacht), vertont von Owens in „Die Musik, die wir sind".

In den USA ist Owens mehrfach für sein musikalisches Gesamtwerk mit Preisen ausgezeichnet worden, und zwar sowohl für sein Lebenswerk als auch für seine Vielseitigkeit.

* Als bisher einzige „Auszeichnung" in Deutschland bekam er am 15.2.1970 die tz-Rose, die von der Zeitung für besondere Leistungen auf kulturellem Gebiet vergeben wird: „An den Komponisten Robert Owens für die Musik zur Opera Comedica ‚Kultur! Kultur!', die in der vergangenen Woche in Ulm uraufgeführt wurde."

1. Der Bariton Donnie Ray Albert und Robert Owens interpretieren u. a. die Werke „Tearless" (Tränenlos) und Lieder von Hesse und Hofmannsthal auf einer CD bei cinnabar records.
2. Der Tenor Sir John van Kesteren und das Münchener Kammerorchester unter Hans Stadlmair interpretieren „Fields of wonder".
Die CD-Produktion des Orlando-Musikverlages enthält außerdem 6 Liederzyklen von Owens mit ihm selbst am Klavier und verschiedenen Solisten.
3. Robert Owens interpretiert „Die Musik, die wir sind" auf CD, ISBN 978-3-941913-05-9.
4. „AnDante", 8. Ausgabe S. 15–19: „Melancholie hat die vertrauten Klänge ihrer Heimat in der Musik von Robert Owens gefunden"

aufgezeichnet von Gudrun Fisch

Hana Fricke –
Freiheit und Selbstbestimmung

HANA FRICKE

Frau Hana Fricke empfängt mich in ihrer Altbauwohnung in der Kurfürstenstraße, zwei helle Zimmer nach Osten mit kleinem Balkon und eine große Wohnküche, die nach Westen schaut, aber ohne wirkliches Westlicht ist, wie sie sagt, weil die angrenzenden Häuser viel Licht wegnehmen. Wir sitzen in der Wohnküche, die angefüllt ist mit vielen Erinnerungsstücken, Bildern, Fotos, farbenfrohen Gegenständen aus Indien, allen möglichen Utensilien. Auf dem Fensterbrett, auf dem Schrank, auf dem Tisch – überall stehen Blumen und Pflanzen in Töpfen, Trockensträuße, einzelne Blüten in winzigen Behältern, kleine Fläschchen mit Duftstoffen und Duftölen, zusätzlich auf dem Tisch Papiere, Postkarten, Kataloge, andere Schriftstücke, kleine Steine und vielfältige andere Dinge.

Hana Fricke im Jahr 2011

Ihr klangvoller Vorname Hana heißt im japanischen „Die Blüte". Sie trägt ihn, seit sie in der Mitte ihres Lebens zu sich selbst und ihren inneren Kräften gefunden hat. Im Gegensatz zu ihrem Vornamen Heidi hat der Name Hana für sie einen deutlichen Klang und einen Ausdruck von Stärke. Für sie hat ihr eigentliches Leben erst zu dieser Zeit angefangen mit Freiheit, Unabhängigkeit und Selbstbestimmung. Das ist ihr Thema für das Gespräch, aber sie ist auch bereit,

etwas über ihre Kindheit, Jugend und frühen Erwachsenenjahre zu sprechen. Es zeigt sich allerdings, dass sie gerade über das, was für sie das Wesentliche ihres Lebens ist, nur schwer offen sprechen kann, sondern nur kurz und in immer denselben Worten erzählen kann – dadurch fehlt oft eine genaue Erklärung.

Rückblick

Sie wird 1942 in Lindau geboren, damals noch freie Reichsstadt. Sie ist sehr stolz darauf, in einer „freien" Stadt geboren und aufgewachsen zu sein. 1951/52 wird Lindau Bayern zugesprochen. „Furchtbar", sagt sie, „Schluss mit der Freiheit".

Sie wächst mit ihrem jüngeren Bruder bei liebevollen Eltern auf. Ihre Familie mütterlicherseits stammt aus dem Voralberg. Ihr Vater war vor dem Krieg Musiker in München, zunächst Geiger, studierte dann Gesang und hatte große Erfolge als Lyrischer Tenor beim Bayerischen Rundfunk, wobei alle Sendungen mit ihm live ausgestrahlt wurden. Mit dem Beginn des Krieges wurde er sofort eingezogen, aber aufgrund gesundheitlicher Probleme wieder entlassen, ein Glück für ihn als Kriegsgegner und Gegner der nationalsozialistischen Regierung. Er kommt

Hana Fricke mit acht Jahren

FREIHEIT UND SELBSTBESTIMMUNG

zum Staatsdienst nach Lindau. In seiner Amtsstube gibt er großzügig Passierscheine für die Schweiz aus. Aber der Großvater mütterlicherseits ist damit nicht einverstanden und bewirkt, dass der bis dahin freigestellte Schwiegersohn noch kurz vor Kriegsende an die Front kommt. Nach Danzig. Eine Tragödie für die kleine Familie. Aber er hat Glück und kommt schnell zurück. Auf der Flucht vor der Roten Armee gelingt es ihm, mit einem Flüchtlingsschiff nach Dänemark zu entkommen. Der Vater gerät in alliierte Kriegsgefangenschaft und wird bald (und überraschend gut genährt) entlassen.

Die Familie dagegen hat nur wenig zu essen. Da wird die Gärtnerei nebenan zum Zufluchtsort für das kleine Mädchen. Ein Haus aus dem Jahre 1624, geführt von vier Geschwistern ohne eigene Kinder: Eleonore, Philomena, Josef und Onkel Emil kümmern sich liebevoll um sie. Da ist sie die kleine Prinzessin und wird herübergeholt zu Kartoffeln mit Butter und Salz. Sie wird „Schnäbele" genannt, weil sie auf alles eine Antwort weiß.

Eine weitere wichtige Person in ihrem Leben ist die Großmutter aus Bregenz, die sie erst mit sieben Jahren kennenlernt. Seit dem Krieg war ein Riss durch die Familie gegangen, den das kleine Mädchen als Machtkampf zwischen dem Vater und dem Großvater mütterlicherseits erlebt. Später durfte sie die „Omama" (in ihrer Jugend „Schönheitskönigin vom Bregenzer Wald" und auch damals noch eine attraktive, selbstbewusste und in der Gegend verwurzelte Frau) regelmäßig sehen. Nachdem durch den Krieg das Hotel der Großeltern zerstört wurde, leben diese in einem Häuschen am Bahndamm, wo sich die kleine Heidi sehr wohlfühlt. Die Großmutter steht

Großmutter, Mutter und Tochter

Hana Frickes Vater in Ancona

Hana Frickes Mutter in Ancona

ihr zur Seite und flößt ihr Vertrauen ein. Das heranwachsende, ebenfalls attraktive Mädchen lässt sich gern mit ihr sehen (auch jetzt noch leuchten ihre Augen, wenn sie sich zurück erinnert). Aus ihrer eigenen Erfahrung gibt ihr die Großmutter einen Ratschlag mit ins Leben, allerdings ohne genauere Begründung: Heirate nie einen wesentlich älteren Mann. Diese hatte einen elf Jahre älteren, ihre Mutter einen zwölf Jahre älteren Mann geheiratet. Das war zu dieser Zeit nicht unüblich, Frauen heirateten jung, Männer oft erst dann, wenn sie beruflich auf festen Füßen standen und eine Familie ernähren konnten.

Ca. 1952 zieht die Familie nach München. Ihr Vater kehrte nach dem Krieg zunächst als Sänger auf die Bühne (in Zürich) zurück, aber sein Asthma behindert ihn dramatisch: Die Karriere als Sänger nimmt mit 36 Jahren durch einen Hustenanfall auf offener Bühne ein jähes Ende. Danach kommen schwierige Zeiten, besonders auch in finanzieller Hinsicht. Durch kameradschaftliche Unterstützung aus dem Gesangsverein in Lindau bekommt er eine Arbeit beim Zollamt, aber es bleibt der berufliche Abstieg, zumal er gedemütigt wird und nur niedrige Tätigkeiten zugeteilt bekommt. In ihrer Erinnerung war ihr Vater ein unglücklicher Mensch.

In München besucht sie ein Gymnasium, damals noch mit Schichtunterricht vor- bzw. nachmittags. Sie verspätet sich häufig, weil ihr Vater oft morgens einen Asthmaanfall bekommt und sie bis zum Abklingen bei ihm bleibt. Sie hatte sehr viel Angst um ihn. Für die Schule erfindet sie immer wieder neue Ausreden, weil der wahre Grund fürs Zuspätkommen nicht anerkannt wird, sie sich aber mit ihrem Verhalten im Recht fühlt.

Ihre Mutter will nicht, dass sie (wie sie es ursprünglich vorhatte) Abitur macht und Jura studiert, kann ihr aber auch keine Unterstützung geben, andere berufliche Möglichkeiten auszuloten, zum Beispiel durch den Besuch einer Berufsberatung, was damals noch nicht üblich war. Ihre besondere Begabung für Gerüche als Talent und Grundlage für einen späteren Beruf bleibt unerkannt

Besonders prägend während der Schulzeit, wenn auch negativ, ist der Mathematiklehrer, ein (wie sie es wahrnimmt) sadistischer Mann. Da dieses Fach nicht ihre Stärke ist, holt sie sich Hilfe: Ein Student im Haus fertigt für sie die geometrischen Zeichnungen an, sie übersetzt ihm dafür französische Bücher. Dadurch hat sie einen

Freiraum. Aber der Lehrer quält ihre Mitschülerinnen, denen sie die Angst in den Augen ansieht, bis schließlich die Situation eskaliert. Empört steht sie auf, sagt zu dem Lehrer: „Es langt", und meldet sich bei der Direktorin, um sich von der Schule abzumelden. Diese möchte die Schülerin von ihrem Vorhaben abhalten und ruft ihre Mutter an. Da bekommt sie nur eine energische Antwort: „Sie haben doch gehört, was meine Tochter gesagt hat". Das ist das Ende ihrer Schulzeit.

Sie geht für ein halbes Jahr als Au-Pair-Mädchen nach England. Dort besucht sie eine Sprachenschule, aber in der Gastfamilie fühlt sie sich nicht wohl, der Vater ruft sie zurück. Sie muss kurz vor der Prüfung in der Schule zurückfahren, sodass ihr auch hier der Abschluss fehlt.

Danach kommen die Ehe- und Familienjahre. Frau Fricke hat den Ratschlag ihrer Großmutter befolgt: Der erste Ehemann ist gleich alt, der zweite nur vier Jahre älter, zwei weitere Lebenspartner vier bzw. zwölf Jahre jünger. Sie lebt aber weiter nach dem patriarchalischen Schema, dass in ihrer Familie gilt: Eine Frau hat zu heiraten, Kinder großzuziehen und für die Familie da zu sein. Der Mann ist das Familienoberhaupt und der Versorger. Sie bekommt zwei Kinder, im Januar 1966 eine Tochter aus kurzer, zweijähriger erster Ehe, die zu diesem Zeitpunkt schon nicht mehr intakt ist. Diese Situation belastet sie sehr, sie kann sich gar nicht vorstellen, die Schwangerschaft aufrechtzuerhalten, von ihrem ersten Mann ein Kind zu bekommen. Vor der Ehe war er sehr liebenswürdig, aber danach war alles vorbei. Unterstützung erhält sie von ihrem späteren zweiten Ehemann. Er findet es toll, dass sie Mutter wird und gibt ihr Lebensmut. Bereits im Mai 1966 heiraten sie, im Dezember 1966 wird der gemeinsame Sohn geboren.

Sohn und Tochter

Heute leben ihre berufstätige Tochter und ihr Schwiegersohn mit zwei fast erwachsenen Enkelkindern auf einem Viereckhof in Nordrhein-Westfalen. Die Familie sieht sie wegen der Entfernung nur ca. zweimal im Jahr. Ihr Sohn hat Maschinenbau studiert und lebt in München, aber er ist beruflich sehr eingespannt, sodass sie auch zu ihm jetzt wenig Kontakt hat.

Aufbruch in ein selbstbestimmtes Leben

Frau Fricke war in ihrem vorgegebenen Rollenbild als Ehefrau so verhaftet, dass sie erst mit der langsamen Trennung von ihrem zweiten Ehemann ab ca. 1984 riskiert, ein selbstbestimmtes Leben zu führen. Sie macht sich auf die Suche nach ihren eigenen Möglichkeiten und Fähigkeiten. Aber es bedeutet natürlich auch, für sich selbst zu sorgen und den Lebensunterhalt zu verdienen. Ihr Ehemann hat ihr die Trennung nie verziehen, er konnte sie nicht verstehen. Bereits nach zwei Jahren dieser Ehe ist ihr klar, dass er nicht der „Richtige" ist, aber sie hält die Ehe noch viele Jahre aufrecht. Die auch für sie sehr schmerzhafte Trennung fällt ihr leichter, da sie eine Beziehung zu einem weiteren, ihr aber nicht so wichtigen Partner aufnimmt (nach ihrer Meinung wie viele Frauen ihrer Generation).

Langsam entwickeln sich ihre eigenen Interessen. Sie erlernt über acht Jahre Tai Chi, „die Urform aller Kampfsportarten, die langsam abgespult wird und der Harmonisierung von Chi, dem Lebensfluss, der Lebensenergie dient". Sie fängt an, Kräuter zu sammeln, und beschäftigt sich mit der Heilwirkung von Pflanzen und mit Homöopathie. Parallel beginnt ihre „spirituelle Entwicklung", indem sie ihre geistige, seelische Kraft entdeckt, angeregt durch mehrere Reisen Anfang der 1980er Jahre nach Indien, bei denen sie ihren damaligen Ehemann besucht, der dort einem Forschungsauftrag als Wissenschaftler nachgeht. Gleichzeitig entwickelt sich der Trennungsprozess weiter. Sie braucht und sucht den Abstand zu ihrem Ehemann, in einem Zeitraum von zwei Jahren lebt sie immer wieder in Griechenland mit einem anderen Partner. Die Zeit dort erlebt sie sehr intensiv, sie fühlt sich von dem Licht und von der Schönheit der Landschaft sehr stark berührt und überwältigt: „Es war so schön dort, dass es schmerzte".

Der zweite Ehemann

Nach der Scheidung 1990 beginnt die neue Lebensphase. Es gelingt ihr, obwohl noch ohne festes Einkommen, eine Wohnung zu finden (in der sie seither wohnt). Sie hat zunächst einen Laden für Naturmatratzen und Betten. Sie betreibt den Laden zusammen mit ihrem neuen, 12 Jahre jüngeren und für sie sehr wichtigen Lebenspartner, bis sich beide trennen und dieser zurück in seine Heimat nach Südtirol geht.

Ab jetzt ganz auf sich allein gestellt, arbeitet sie zunächst in einem Geschäft für Naturkosmetik. Im Rahmen der Naturkosmetik besucht sie Seminare, um selbst Heil- und Aroma-Öle herzustellen. Zur Überraschung des Seminarleiters stellt sich heraus, dass sie ein besonderes Geruchsgedächtnis hat, wie es beispielsweise die Parfümeure

FREIHEIT UND SELBSTBESTIMMUNG

Hana Fricke im Jahr 1992

besitzen und benötigen. Gleichzeitig wird aber auch klar, dass sie jetzt im mittleren Lebensalter keinen Beruf mehr darauf aufbauen kann. Heute ist sie aber doch zufrieden, dass ihr Weg, so wie er ist, verlaufen ist. Sie bietet mit viel Erfolg und Freude Aromaberatung, und Aromamassage an. Sie ist sich ihrer intuitiven Kräfte bewusst, Menschen und Dinge wahrzunehmen, was sie als „Sehen" bezeichnet. So zum Beispiel beim Sammeln von Pflanzen, deren Eigenart und Heilkraft sie schnell erkennt: „Ich konnte die Pflanzen sehen", oder bei ihrer Arbeit im Betten-Laden: „Ich konnte sehen, wer gut liegt", und im Laden für Naturkosmetik. „Im Laden für Naturkosmetik habe ich immer gesehen, was der Mensch zu dieser Zeit brauchte und sofort nach dem richtigen Öl gegriffen." Dabei geht es ihr nicht nur um guten Duft, sondern auch um ihre Heilkraft, die zweite, für sie noch wesentlichere starke Begabung. Ihre Tai Chi Lehrerin hatte ihr geraten, ein Qi Gong Seminar bei Frau Dr. Josefine Zöllner zu besuchen: „Das schlug ein wie eine Bombe". Als Teil des Tai Chi ist Qi Gong eine Atem- und Bewegungstechnik, die zu besserer Körperwahrnehmung führt und auch zur Heilung von Gesundheitsstörungen eingesetzt wird. Oder mit den Worten von Frau Fricke: „Der Einfluss auf den Energiefluss (Qi) im Körper zu Heilzwecken". Seit dieser Begegnung ist sie selbst Qi Gong Lehrerin und Heilerin, ebenfalls erfolgreich. In dem Seminar hat sie auch erfahren, dass sie den Heilerfolg selbst wahrnehmen kann: „Wenn es richtig ist, wird bei der Behandlung das eigene Manko auch aufgefüllt". Sie kann sich vorstellen, ihr Leben lang zu arbeiten. Das ist aber wegen einer chronischen Krankheit seit nunmehr acht Jahren nur noch eingeschränkt möglich. Sie nennt sie Madam P (Morbus Parkinson) und lässt nicht zu, dass diese zuviel Raum in ihrem Leben einnimmt. Sie unterrichtet weiter Qi Gong. Die Bewegungstechnik hilft ihr auch, ihre Bewegungsstörungen und ihre Fallneigung im Griff zu haben, und sie bietet weiter Aromamassagen an. Sie zieht in der Wohnung, auf dem Balkon und in einem winzigen Terrain im Hinterhof Blumen und Pflanzen. Aus den Blumenblüten und dem Pflanzenmaterial stellt sie Extrakte für eine erstaunliche, vielfältige Menge an Aromaölen, Duftpotpourris, Duftkissen und Aromaessig her.

Frau Fricke verfällt nicht in Passivität und ihr Leben regelt sie selbst, obwohl sie zunehmend Hilfe braucht. Persönliche Unabhängigkeit und Selbstbestimmung bleiben ihr wichtig. Sie hat sich nie gefragt, warum sie krank geworden ist. Das Alter bedeutet für sie Weisheit, Gelassenheit, weniger Einschränkung und der Tod einen Übergang ins Licht.

Hana Fricke in ihrem Element (ca. 2010)

aufgezeichnet von Horst Schmidt
Anatoly Borisowitsch Paley –
Professor für Astrophysik und Kontingentflüchtling

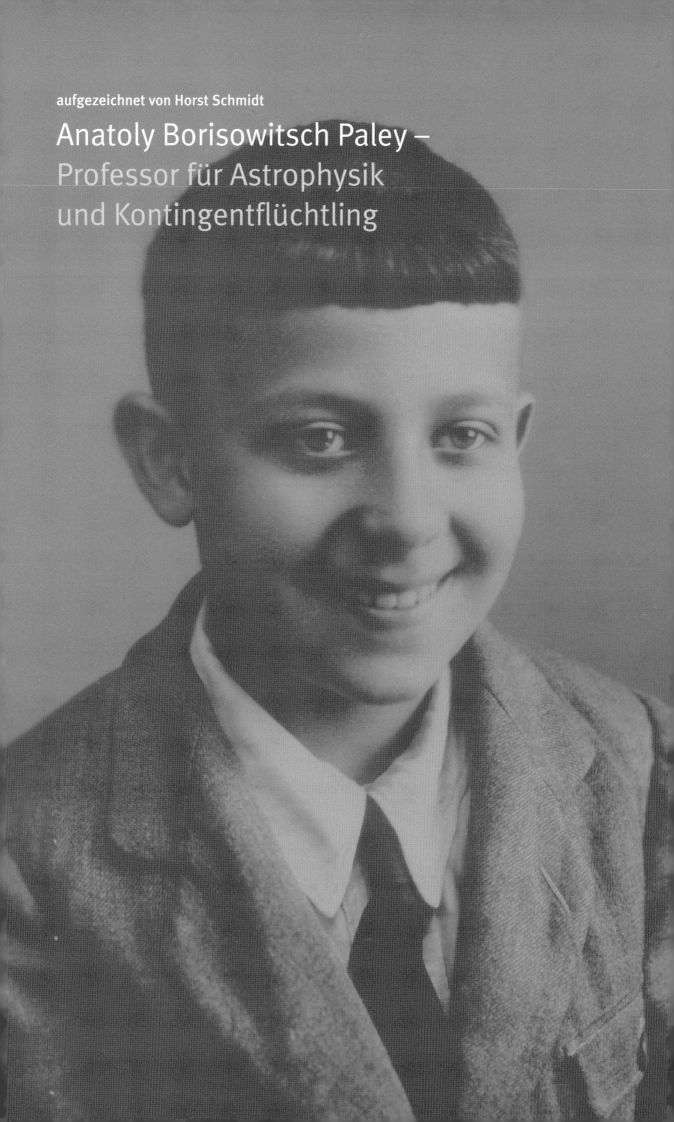

Am Freitag, den 27. August 2011, treffe ich meinen zweiten Interviewpartner. Der Weg führt mich diesmal in die Bonner Straße. Ich stehe vor einem typischen kubischen Flachdachbau der 1970er Jahre, der vor wenigen Jahren renoviert wurde. Die Fassade ist farblich abgesetzt und variiert zwischen Orange- und Beigetönen, die dem Ganzen eine freundliche und saubere, aber sachliche Ausstrahlung verleihen. Wie ich später erfahre, gehört das Gebäude einer Stiftung des inzwischen verstorbenen Physikers Professor Hermann Auer. Die Zahl der Klingelschilder macht deutlich, dass dort hauptsächlich kleinere Appartements untergebracht sind.

Anatoly Paley 2011

Herr Paley erwartet mich bereits im Treppenhaus. Er ist von untersetzter Statur und sportlich gekleidet: Zu einem gestreiften Poloshirt und kurzen Hosen trägt er einen Gürtel in den deutschen Nationalfarben. Mit freundlicher Geste führt er mich in seine Wohnung.

Ein langer Flur, linkerhand die Küche mit kleiner Essecke und das Badezimmer, am anderen Ende ein Wohn- und Schlafzimmer, das offensichtlich auch als Arbeitsraum genutzt wird. Die meisten Einrichtungsgegenstände entstammen einem städtischen Möbellager in Untersendling. Das Mobiliar lässt wenig Individualität spüren. Bei der Anschaffung spielten sicher Fragen der Verfügbarkeit und des Gebrauchswerts eine entscheidende Rolle. Umso mehr fällt die Ansammlung von technischen Geräten auf: mehrere DVD-Spieler, ein Videorekorder, ein Fernseher, ein Computer mit großem Monitor und ein Notebook. An der rechten Wand reihen sich Patente, Gebrauchsmuster und Offenlegungsschriften, die Herr Paley ohne Rahmen an die Wand gepinnt hat. Erst als ich mich näher umsehe, erkenne ich auch persönliche Gegenstände. An den Wänden und in den Vitrinen sind sowjetische Orden verschiedener Herkunft, sportliche Auszeichnungen wie Medaillen, Urkunden und Pokale zu sehen. Daneben erblicke ich zahlreiche Figürchen von Flusspferden in verschiedenen Größen und Materialien, die ich in dieser technisch geprägten Umgebung nicht erwartet hätte. Besonders hübsch finde ich das Bild eines dunkelblauen, lachenden Nilpferds mit hellblauen Fußnägeln, das sein Enkel aus Kanada gemalt hat.

Wir nehmen in der Küche Platz. Herr Paley ist 77 Jahre alt. Wenn auch sein Gesicht bereits von Falten gezeichnet ist, hat er sich doch eine jugendliche Ausstrahlung bewahrt. Er besitzt noch volles, weißes Haar. Sein Blick ist wegen einer Erkrankung am Grünen Star etwas getrübt, aber ständig spielt ein Lächeln um seine Augen- und Mundwinkel, was ihm ein sympathisches Aussehen verleiht. Sein ganzes Wesen strahlt Lebendigkeit und Fröhlichkeit aus, besonders wenn er unter reichlichem Einsatz der Gebärdensprache über sein Leben erzählt. Herr Paley spricht mit deutlich slawischem Akzent. Oft verwendet er kurze Sätze, wohl weil er sich in der deutschen Grammatik etwas unsicher fühlt. Manchmal werden Rückfragen notwendig. Gelegentlich sind wir gezwungen, ein Wörterbuch zu benutzen.

Herr Paley wurde im Jahr 1933 im Südosten der damaligen Sowjetrepublik Weißrussland geboren. Sein Geburtsort ist die kleine Stadt Tschetschersk (Чечерск) in der Provinz Gomel (Гомель). Seine Mutter war Hausfrau, der Vater Parteifunktionär in der Verwaltung einer Landmaschinenfabrik. Außerdem hatte er noch einen drei Jahre älteren Bruder. Die Familie ist jüdischer Abstammung, aber Religion oder jüdische Kultur spielten zu Hause keine Rolle. Nur wenn die Großmutter gelegentlich zu Besuch kam, wurde Jiddisch gesprochen, das die Kinder aber nicht verstanden. Noch heute bezeichnet sich Herr Paley als Atheist.

1938, als nach sogenannten Säuberungsaktionen innerhalb der eigenen Reihen ein erheblicher Teil der Mitarbeiter des Geheimdienstes NKWD ausgetauscht werden musste, und daher ein starker Bedarf an unbelasteten Ersatzkräften bestand, erhielt sein Vater den Ruf nach Moskau und wurde dort zum Fachmann für Gegenspionage ausgebildet. In dieser Funktion sollte er die einheimische Flugzeugproduktion davor bewahren, dass militärische Geheimnisse ans Ausland verraten würden. Die Schulung dauerte ca. drei Jahre, während derer die Familie in Moskau lebte.

Anatoly war ein lebenslustiger und aufgeweckter Schüler.

Später zogen die Paleys nach Perm (Пермь), das damals den Namen Molotow (Молотов) trug. Dies war, wie viele spätere Wohnsitze der Familie, eine sogenannte geschlossene Stadt, zu der Ausländer keinen Zutritt hatten.

Die Familie lebte stets in Staatsbedienstetenwohnungen, meist in Vierteln, in denen die Blocks der NKWD-Mitarbeiter an die Quartiere der Miliz grenzten. Anatoly Paley war ein sehr lebhaftes Kind, das bei allen Raufereien und Spielen ganz vorne mit dabei war. Häufig musste sein älterer Bruder einschreiten, um ihn aus Prügeleien zu retten. In den Höfen wurde oft Krieg gespielt. Vorbild waren Geschichten aus dem russischen Bürgerkrieg, die in den Erzählungen der älteren Generation noch sehr lebendig waren. Kleine Rotgardisten lieferten sich Gefechte mit den Weißen Garden. Gelegentlich entstand in der Hitze der Auseinandersetzungen auch materieller Schaden. Manchmal, wenn zum Beispiel Schaufensterscheiben zu Bruch gingen, griff sogar die Polizei ein. Dreimal mussten ihn seine Eltern bei der Miliz abholen. Er selbst beschreibt seine Kindheit als glückliche Zeit. Über seine Eltern berichtet er: „Ich habe meine Mutter sehr geliebt, aber meinen Vater habe ich sehr geachtet. In unserer Familie war der Vater immer das Oberhaupt. Die Mutter hat sich um die Kinder und den Haushalt gekümmert." Die Eltern waren sehr stolz auf ihre beiden Söhne und sorgten beide wohlwollend für sie. Die Kinder standen immer an erster Stelle, auch wenn dem Vater oft nur wenig freie Zeit verblieb.

Wie in den meisten russischen Familien feierte man bei den Paleys gern und oft, wobei viel gesungen, getanzt, gegessen und getrunken wurde. Häufig verkehrten Gäste bei ihnen, meist handelte es sich dabei um Arbeitskollegen des Vaters.

Mit acht Jahren begann für Anatoly, oder Tolya, wie man in Russland sagen würde, die Schulzeit. Er tat sich leicht, denn er hatte schon mit fünf Jahren zusammen mit seinem Bruder Lesen und Schreiben gelernt. So konnte er bereits im Kindergarten seinen kleinen Kameraden aus Büchern vorlesen. Er erwies sich dabei als gelehriges Kind eines Politfunktionärs und hielt gelegentlich Vorträge zur politischen Lage. Heute kann er sich noch erinnern, wie er versuchte den Kindergartenkindern den spanischen Bürgerkrieg zu erklären. Wie immer wird auch die Schilderung dieser etwas altklugen Eskapaden von einem herzlichen und ansteckenden Lachen begleitet.

Obwohl die Anforderungen an die Schüler streng waren, hatte Anatoly keine Probleme mit dem Lehrstoff. Herr Paley hat 40 Jahre im russischen Bildungssystem verbracht. Rückblickend beurteilt er das russische Ausbildungssystem als gut und hält es für besser als das deutsche. Schüler wurden gelegentlich getadelt, körperliche Strafen waren jedoch unbekannt. Im Unterricht wurden die Segnungen der sozialistischen Gesellschaft betont und die Schüler waren von der Überlegenheit der eigenen Gesellschaft gegenüber dem dekadenten und ausbeuterischen Westen überzeugt. Man hegte keine Zweifel, dass es die Aufgabe jedes Einzelnen war, die Arbeiter im kapitalistischen Machtbereich zu retten. Mit großer Freude und Eifer sang man patriotische Lieder. Während der Kriegszeit erhielten Schüler der höheren Klassen eine paramilitärische Ausbildung, teilweise sogar an Schusswaffen.

Wie alle Kinder besuchte Herr Paley vier Jahre lang die Grundschule. Darauf folgte bis zur siebten Klasse eine Art unterer Mittelschule. Bis zu dieser Stufe wurden alle gemeinsam unterrichtet, dann trennten sich die Schüler. Während viele nun ins Arbeitsleben traten, besuchten andere bis zur zehnten Klasse eine höhere Schule, um schließlich auf die Hochschule zu wechseln.

Herr Paley war ein aufgeweckter, aber für die Lehrer oft unbequemer Schüler, der von einem erheblichen Widerspruchsgeist beseelt war. Ein gewisser Hang zur Rechthaberei, auch wenn er den eigenen Interessen schadete, sollte ihm das Leben immer wieder schwer machen. Natürlich war er auch in der Schule bei allen Streichen mit dabei und oft Rädelsführer. Er genoss zwar das Vertrauen der Mitschüler, wurde aber niemals offiziell als Klassensprecher bestätigt. Inoffiziell war er aber als Schülervertreter anerkannt und wurde häufig, wenn der Direktor Schulprobleme zu schlichten hatte, mit herangezogen. Er war Chefredakteur der Schülerzeitung und kritisierte in dieser Funktion auch gelegentlich Mitglieder des Lehrkörpers, was ihm von dieser Seite wenig Sympathien eintrug. Seine Lieblingsfächer waren Physik, Mathematik, Geographie und Literatur. Seine besondere Liebe galt aber schon in dieser Zeit der Astronomie, die in russischen Schulen Pflichtfach war.

Zu Anfang des Zweiten Weltkriegs wurde es sehr, sehr eng in der Zweizimmerwohnung der Paleys. Zeitweise lebten dort vierzehn Personen. Vier Schwestern seines Vaters, die vor der deutschen Wehrmacht geflohen waren, fanden mit ihren Familien einen provisorischen Unterschlupf. Lebensmittel gab es nur auf Karten und die Versorgung war dürftig.

Aus Herrn Paleys Sicht lässt sich die Stimmungslage in der damaligen Sowjetunion so beschreiben: Im Laufe des Krieges änderte sich in der Öffentlichkeit die Wahrnehmung der Deutschen. Zu Kriegsbeginn herrschte noch große Achtung vor deutscher Kultur und Zivilisation. Doch im Laufe der Zeit waren in den Zeitschriften zunehmend Artikel zu lesen, in denen die deutschen Soldaten als Okkupanten oder verbrecherische Faschisten beschrieben wurden, die ohne Ausnahme getötet werden müssten. Das volle Ausmaß der Judenvernichtung hat Herr Paley auch in der Sowjetunion erst nach dem Krieg erfahren. In der Regel wurden diese Gräueltaten eher dem faschistischen System als dem deutschen Volk angelastet. Das Deutschlandbild der Russen blieb aber auch nach dem Krieg belastet, was sich nach Herrn Paleys Worten erst in den Zeiten der Perestroika gebessert hat. Noch Mitte der 1990er Jahre, als er seinen Ausreiseantrag stellte, rieten ihm Bekannte davon ab, nach Deutschland zu gehen.

Trotz der schmerzlichen Kriegserfahrungen mit mehr als 20 Millionen Toten auf sowjetischer Seite wurden in der Nachkriegszeit alle Schüler aufgefordert, die deutsche Sprache zu erlernen. Die Lehrer erzählten, dass man dem deutschen Volk nun helfen müsse, das Land neu aufzubauen und das Leben neu einzurichten. Auch in Herrn Paleys Familie herrschte trotz der inzwischen bekannten Tatsachen über den Massenmord an der jüdischen Bevölkerung keine erkennbare Feindschaft. So kann er sich beispielsweise noch erinnern, dass seine Mutter für drei deutsche Kriegsgefangene und ihre Bewacher gekocht hat, als diese Ausbesserungsarbeiten in ihrer Wohnung vornehmen mussten.

Als Mitglied der Nomenklatura musste Herr Paley mit seiner Familie häufig umziehen, von Molotow nach Omsk (Омск), von dort nach Stavropol (Ставрополь) im nördlichen Kaukasus, im Jahr 1949 weiter nach Tschita (Чита), einer Stadt in Transbaikalien nahe der mongolischen Grenze. Dort schloss Herr Paley die höhere Mittelschule mit einer Silbermedaille ab. Er betont, dass seine schulischen Leistungen eigentlich für eine Auszeichnung in Gold ausgereicht hätten, aber dass auch in der Sowjetzeit ein latentes Misstrauen gegenüber der jüdischen Bevölkerung herrschte, das es nahelegte, solche Auszeichnungen nur an Bürger russischer Nationalität zu verleihen. Solche Vorgänge waren nicht ungewöhnlich, obwohl offiziell jede Art von Antisemitismus verboten war.

„1951 habe ich probiert an eine gute Hochschule zu gehen, aber ohne Erfolg. In dieser Zeit war es sehr schwer, mit jüdischer Nationalität an einer solchen Hochschule unterzukommen. Meine Dokumente wurden abgelehnt. Dann ging ich nach Novosibirsk an ein Institut für Eisenbahntransport. Dort wurden Ingenieure für das Militär ausgebildet. Ich blieb da aber nur acht Monate, dann habe ich aufgehört. Es hat mir nicht gefallen. Ich habe immer vom Kosmos und von der Kernphysik geträumt. Ich bin zurück nach Tschita gefahren." Dort angekommen wurde er von der Militärbehörde aufgefordert, sich entweder an einer Militärakademie einzuschreiben oder seinen Militärdienst abzuleisten. Herr Paley verspürte keinen Drang zum Soldatenleben. Er meldete sich in Tschita an der Pädagogischen Hochschule. Er hatte während seiner Schulzeit mehrere Wettbewerbe in Mathematik und Physik gewonnen und war deshalb dort bereits bekannt.

Neben seiner Ausbildung unterrichtete er nun an der Abendschule Offiziere der Sowjetarmee in Physik und stellte fest, dass ihm diese Tätigkeit viel Freude bereitete. Zu dieser Zeit gab es innerhalb der Streitkräfte der UdSSR zahlreiche Offiziere, die wegen besonderer Leistungen im großen vaterländischen Krieg, wie man dort den zweiten Weltkrieg nannte, befördert wurden, aber kaum höhere Schulbildung aufwiesen. Es bestand ein großer Bedarf, diese Menschen nachzuschulen und ihnen die technischen Grundkenntnisse zum Verständnis komplexer Militärtechnologie beizubringen. Allerdings gab es auch Teilnehmer, die diese Schulungen eher als lästig empfanden.

Anatoly Paley baut mit seinen Schülern Geräte zum Satellitenempfang, Tschita ca. 1958.

Nach drei Jahren schloss Herr Paley die Hochschule mit dem Titel „Lehrer für Physik" ab. Danach begann er mit der Lehrtätigkeit an seiner früheren Schule, arbeitete aber gleichzeitig weiter als Assistent an der Hochschule. Als Junglehrer hatte er beeindruckende Erfolge vorzuweisen. Es gelang ihm, seine Schüler für die Physik zu begeistern. Beispielsweise bastelte er mit ihnen zusammen Geräte zur Satellitenbeobachtung. Gemeinsam verbrachten sie die Nächte mit der Verfolgung der damals völlig neuen Himmelskörper, die der große Stolz der Sowjetunion waren. Am 4. Oktober 1957 startete die Trägerrakete R-7 mit dem ersten künstlichen Himmelskörper Sputnik. Man hatte den Wettlauf mit den USA gewonnen, die erst ein Jahr später gleichziehen konnten. Derart motiviert erreichten die Schüler seiner Abschlussklasse die besten Noten im Fach Physik in der gesamten Region. Er wurde als bester Physiklehrer im Gebiet Tschita ausgezeichnet. Nach zwei Jahren beendete er jedoch diese Tätigkeit. Er strebte nach Höherem. Es wurde ihm zu eng, wie er sich ausdrückt.

Anatoly Paley lebte weiterhin in der für sowjetische Verhältnisse großzügigen Dreizimmerwohnung seiner Eltern. Er hatte viele Freunde und zahlreiche Kontakte im Institut und war ein engagierter und erfolgreicher Sportler. Man ging zusammen ins Restaurant, wo sich allerdings nur seine männlichen Freunde versammeln konnten. Mit Frauen traf man sich im privaten Rahmen, meist in der eigenen Wohnung. Dort war es auch möglich, ungestört westliche Musik zu hören, die auf verschlungenen und verbotenen Wegen ins Land geschmuggelt werden musste. Wie überall war alles Verbotene von besonderem Interesse.

Im Verlauf der sogenannten „Chruschtschowschen Tauwetter-Periode" war selbst in diesem fernen Winkel des Sowjetreichs eine gewisse Erosion des Glaubens an die Partei und an die Idee des Sozialismus zu bemerken. Als Anatoly Paley beispielsweise Chruschtschows Ausspruch vernahm, dass noch die jetzige Generation im Kommunismus leben würde, spürte er, dass es sich hierbei nur um Phrasen handelte, die er nicht mehr ernst nehmen konnte.

Da er ein umtriebiger Mann und bei den Kollegen beliebt war, wurde er zum Personalratsvorsitzenden an der Universität gewählt. Die Arbeit der Partei und der Gewerkschaften lief teilweise parallel, wobei die Partei den Führungsanspruch innehatte. Die Teilnahme an Parteiversammlungen war eine Pflicht, der man sich nur schwer entziehen konnte. Herr Paley wurde mehrmals aufgefordert, in die Partei einzutreten, entschied sich jedoch dagegen. Wie erschüttert der Glaube an die positive Führungsrolle der KPdSU bereits damals war, lässt sich an den Worten seines Vaters aus den 1960er Jahren ersehen. „Lieber Sohn. Es gibt einige Alternativen: Du brauchst nicht Parteimitglied zu werden. Dann wirst du im Leben einige Schwierigkeiten bekommen, aber eine reine Seele behalten. Oder du gibst deinen Seelenfrieden dran und machst Karriere. Ich denke du hältst dich besser raus." Solche systemkritischen Sätze, hätte ich aus dem Mund eines altgedienten Parteikaders nicht erwartet.

Anatoly Paley wollte sich künftig ausschließlich dem Universitätsbetrieb widmen, was aber nicht den Absichten der Gewerkschaftsführung entsprach. Man wies ihn darauf hin, dass seine Berufung in der Tätigkeit als Lehrer liege, und meinte, dass er zurück an seine Schule gehen solle. Wie häufig in seinem Leben hatte er sich aber vorher mit den Autoritäten an der Schule überworfen und man war dort ganz froh, den zwar erfolgreichen, aber aufmüpfigen Junglehrer wieder los zu sein, der sich sowieso andere Ziele gesetzt hatte. So folgte er 1961 einer Einladung nach Ivanovo (Иваново). Dort trat er zunächst eine Stelle als wissenschaftlicher Mitarbeiter in einem neu gegründeten Institut für Textilindustrie an, wo er einige Patente zur Verbesserung der Produktion entwickelte. Später, als an der pädagogischen Hochschule eine Stelle als Dozent am Lehrstuhl für theoretische Astrophysik frei wurde, nahm er die Chance wahr, wieder zu seinem Lieblingsfach zurückzukehren.

Er beschäftigte sich zunächst mit Sternenfotografie. Die Vorrichtungen dazu entwickelte er selbst. Alle notwendigen Materialien konnte er über sein Institut beschaffen. Da seine Aufnahmen nahezu professionelle Qualität erreichten, wurde man auch in Moskau auf ihn aufmerksam. Man ermutigte ihn, in der eingeschlagenen Richtung weiterzumachen. Es gelang ihm, auch andere Institute für die Sternbeobachtung zu interessieren. In der Folge gab er Anleitungen zum Bau von Ausrüstungen und zur Aufnahmetechnik weiter und gründete eine Vereinigung zur Observierung des Sternenraums, die den Namen Межвузовская фотографическая служба неба – Interuniversitärer Dienst zur fotografischen Himmelsbeobachtung – erhielt. Etwa 25 Instituten wurde jeweils ein Himmelssektor zur Beobachtung zugewiesen. Herr Paley wurde zum technischen Leiter dieser Vereinigung gewählt. Die wissenschaftliche Leitung übernahm der renommierte Professor Tsesewitsch (Цесевич) aus Odessa (Одесса). Man veranstaltete regelmäßige Konferenzen, von denen die erste in Ivanovo, die zweite in Odessa stattfand.

Nachteilig für Anatoly Paley war, dass er zu diesem Zeitpunkt noch über keinen akademischen Titel verfügte. Es blieb ihm jedoch nur wenig Zeit an einer Dissertation zu arbeiten. Eine weitere Schwierigkeit bestand darin, dass er an einer pädagogischen Hochschule als Dozent angestellt war und nicht im Wissenschaftsbetrieb einer Universität. So sollten noch viele Jahre vergehen, bis Herr Paley den Titel eines Kandidaten,

Anatoly Paley mit seiner Frau Tamara   **Anatoly Paley mit Sohn Vladimir**

der dem deutschen Doktorgrad entsprach, erlangen konnte. Kongresse und Veröffentlichungen machten jedoch seinen Namen in der Fachwelt bekannt.

Im Lauf der Zeit verstärkte sich der Druck der Familie auf Anatoly Paley. Er war mittlerweile über 30 Jahre alt und seine Mutter wünschte sich endlich Enkelkinder. Er wartete aber immer noch auf seine Traumfrau, die sich leider, trotz so mancher Versuche, nicht einstellen wollte. Schließlich entschied er sich für eine pragmatische Lösung. In seinem astronomischen Labor in Ivanovo arbeitete eine junge, bildhübsche wissenschaftliche Assistentin, die deutliches Interesse erkennen ließ. So mancher Kollege sprach ihn an und wollte wissen, wo er denn seine Augen hätte. So trat er eines Tages ohne Vorwarnung auf sie zu und fragte geradeheraus: „Tamara, willst Du mich heiraten?" Nach zwei Tagen Bedenkzeit stimmte sie zu. Er nahm seine Verlobte im Urlaub mit zu seinen Eltern und bat um deren Zustimmung, die natürlich herzlich gerne erteilt wurde. Tamaras Eltern fragte man dagegen erst gar nicht. Die beiden heirateten gleich nach dem Urlaub im Jahr 1965 in Ivanovo.

Zuerst lebten sie in einem Zimmer mit nur neun Quadratmetern im Studentenheim. Nach der Geburt des Sohnes Vladimir 1967 erhielten sie ein größeres Zimmer, später sogar die erträumte Zweizimmerwohnung.

Was er sich von der Ehe erhofft hatte, wurde nur anfangs erfüllt. Seine Frau erwies sich als sehr eifersüchtig. Besonders kritisch betrachtete sie die jungen Studentinnen, mit denen sich Anatoly Paley gerne umgab. Es gab viel Streit, der anfangs ohne Anlass, später allerdings auch begründet geführt wurde. So manches Mal ging in der Heftigkeit der Gefühlsausbrüche Geschirr zu Bruch. Herr Paley dachte: „Das ist nichts für mich." Er kann persönliche Konflikte nur schwer ertragen. Bereits nach vier Jahren wurde die Ehe wieder geschieden. Allerdings zwang die Wohnungsnot die beiden und ihren Sohn auch weiterhin die Wohnung zu teilen. Als ich ihn frage, ob denn nach der Scheidung der Streit aufhörte, antwortet er nur allgemein: „Alles ist möglich zwischen Mann und Frau." Aber er ist nicht nachtragend. Herr Paley hält noch heute brieflich und telefonisch Kontakt zu seiner Exfrau.

Mit seinem Sohn verband ihn ein inniges Verhältnis und er verbrachte große Teile seiner knapp bemessenen Freizeit mit ihm. Der Sohn wurde von ihm gewickelt, sauber gemacht, gebadet und spazieren gefahren. Dabei hielt er sich immer streng an die wissenschaftlichen Anweisungen eines pädagogischen Lehrbuchs. Tagsüber nahm er ihn mit ins Labor, das Herr Paley als sein persönliches Reich betrachtete, in dem er schalten und walten konnte, wie es ihm gefiel.

Zwischenzeitlich richtete man sich in bescheidenem Wohlstand ein. So wurden die ersten elektrischen Haushaltsgeräte angeschafft, zunächst ein Kühlschrank, viel später eine primitive Waschmaschine. Zudem konnte sich die Familie eine Haushaltshilfe leisten. Er verdiente damals 185 Rubel monatlich, im Vergleich dazu erhielt seine Frau als Assistentin nur 65 Rubel. Herr Paley gewöhnte sich einen ungesunden Lebenswandel an. Er arbeitete viel, war ein starker Raucher, trank auch gelegentlich und legte beträchtlich an Gewicht zu. Dies führte zu ernsten gesundheitlichen Problemen, bis er beschloss, wieder Sport zu treiben. Zusammen mit seiner Frau begann er zu laufen und nahm an sportlichen Wettbewerben teil. So kam er auch zu seiner Spezialdisziplin, der Fuchsjagd. Hier besteht die Aufgabe darin, dass man in möglichst kurzer Zeit mit Hilfe eines Empfängers verschiedene im Gelände versteckte Minisender aufspürt. In dieser Disziplin brachte er es bis zum sowjetischen Vizemeister.

Wie sein Vater ist er ein guter Unterhalter. Oft übernahm er bei privaten Veranstaltungen die Rolle des Conferenciers. Mit Vorliebe führte er kleine, selbst verfasste Sketche auf. Ältere Fotos zeigen ihn bei akrobatischen Übungen und in exaltierten Tanzposen. Manchmal sieht man ihn in Verkleidungen, gelegentlich schlüpft er sogar in Frauenkleidung und treibt so seine Späße mit den Kameraden. Er nahm auch eifrig am kulturellen Leben teil und besuchte ein bis zwei Mal im Monat Theater- oder Konzertveranstaltungen.

Im Jahr 1977 wechselte er die Hochschule und ging nach Smolensk (Смоленск). Fatalerweise konnte er auch hier seinen Widerspruchsgeist nicht im Zaum halten. Er kritisierte ausgerechnet eine Vorlesung des Dekans für Physik in fachlicher Hinsicht. Dies führte zu einem Zerwürfnis mit dem Institutsleiter, das ihn dazu zwang, eine andere Anstellung zu suchen.

Er war aber mittlerweile im Kreis astronomischer Fachleute leidlich bekannt, sodass es ein Leichtes war, eine neue Stelle zu finden. So ging er nach Lipetsk (Липецк), ca. 375 km südöstlich von Moskau, wo er bis zu seiner Ausreise nach Deutschland tätig war. Neben seiner Lehrtätigkeit arbeitete er an mehreren Forschungsaufträgen und meldete einige Erfindungen an, die ihm, seinen Mitarbeitern und Studenten nicht unbeträchtliche Zusatzeinkünfte verschafften. Nebenbei veröffentlichte er auch zwei Bücher und hielt weiterhin seine wissenschaftlichen Fachtagungen ab, deren Themenkreis sich zwischenzeitlich erheblich erweitert hatte und den Bereich der reinen Himmelsbeobachtung weit hinter sich ließ.

Im Jahr 1986 konnte er endlich seine Dissertation einreichen und vor einem wissenschaftlichen Gremium verteidigen. Erst ab diesem Zeitpunkt durfte er offiziell den Titel Professor führen. Die Zukunft versprach nun eine abgesicherte wissenschaftliche Laufbahn mit gehobenem Lebensstandard und sozialem Status.

Mit dem Ende des politischen Systems und den damit verbundenen Umbrüchen war jedoch Schluss mit diesen Sicherheiten. Die Zeit der Perestroika brachte für ihn einen spürbaren Einschnitt. Er bemerkt: „In der ehemaligen UdSSR war das Sozialsystem sehr zuverlässig. Zum Beispiel, wenn ich als Professor in Rente gehe, dann bekomme ich 220 Rubel pro Monat. Das ist sehr viel. Ein mittlerer Arbeitslohn betrug etwa 150 Rubel. Ein guter Männeranzug kostete beispielsweise 70 Rubel, meine Miete betrug 13 Rubel im Monat. Nahrungsmittel waren günstig, ein Kilo Fleisch kostete einen Rubel. Viele Güter waren knapp und man musste lange in der Schlange stehen, aber ich konnte auch etwas mehr zahlen und konnte mir das Schlangestehen ersparen. Ich hatte niemals Sorgen um meine Zukunft gehabt. Und in einem Moment war alles kaputt."

Professor Paley an der Hochschule in Lipetsk

Viele Lebensmittel waren nun in den staatlichen Geschäften kaum mehr erhältlich. Einiges war nur mehr im informellen Straßenhandel zu wesentlich höheren Preisen zu erstehen. So mancher Sowjetbürger sah sich gezwungen, seinen materiellen Besitz auf der Straße zu verkaufen, um seine Familie ernähren zu können. Es gab organisierte Banden, die nicht vor Gewaltanwendung zurückschreckten. Zwar kann Herr Paley niemanden aus seinem Bekanntenkreis nennen, der selbst Opfer dieser Kriminellen wurde, aber einige waren gezwungen, Schutzgeld zu zahlen. Selbst Mitglieder der Studentenschaft traten der Mafia bei und verdienten auf diese Weise ihren Lebensunterhalt. Maßnahmen, wie das von Michail Gorbatschow verhängte Alkoholverbot, erschienen dagegen eher lächerlich und wurden soweit möglich umgangen.

„Wir haben unseren Arbeitslohn bekommen, wenn auch nicht regelmäßig, aber Fabrikarbeiter und Angestellte von Stiftungen bekamen oft ein halbes Jahr lang nichts. Es herrschte schwere Inflation und ich konnte von meinem Gehalt nichts mehr kaufen. Im Finanzierungsplan unseres Instituts war für das Jahr 1996 kein einziger Rubel für die wissenschaftliche Entwicklung oder für Geräte vorgesehen. Da habe ich verstanden. Das ist das Ende der wissenschaftlichen Ausbildung. In dieser Zeit verfolgte die Regierung andere Ziele. Da kam mir meine jüdische Nationalität zu Hilfe. Ich konnte als Kontingentflüchtling nach Deutschland gehen. Davor hatte ich keinerlei Pläne zu emigrieren."

Die Möglichkeit der erleichterten Einreise für jüdische Personen aus der Sowjetunion geht auf einen Beschluss der DDR-Regierung aus dem Jahr 1990 zurück und wurde nach der Wiedervereinigung auf Beschluss der Regierungschefs des Bundes und der Länder fortgeführt. Motiv für dieses Programm war unter anderem der Erhalt und die Stärkung der jüdischen Gemeinden in Deutschland. Im Rahmen dieser Regelung kamen im Zeitraum zwischen 1991 und 2004 etwa 220.000 Menschen nach Deutschland.[1] Der Strom der Ausreisewilligen hielt an, bis in den Jahren 2005 und 2007 die gesetzlichen Grundlagen neu geregelt wurden. Maßgebend ist nun eine Integrationsprognose nach einem Punkteschema. Unter anderem werden die vorhandenen Deutschkenntnisse, das Alter, die Möglichkeiten zur Aufnahme in eine jüdische Gemeinde und zur eigenständigen Sicherung des Lebensunterhaltes bewertet. Seither ist die Zahl der jüdischen Zuwanderer drastisch eingebrochen, von durchschnittlich ca. 16.000 in den 1990er Jahren auf nur mehr 1.088 im Jahr 2009.[2]

Der abrupte Bruch mit seinem relativ privilegierten Dasein als Professor wurde zur Wendemarke in seinem Leben. Trotz aller Bemühungen in den Folgejahren sollte es ihm nie wieder gelingen, an den sozialen und materiellen Status der Zeiten vor der Perestroika anzuknüpfen. Während manche seiner Kollegen versuchten, die materiellen Verluste zumindest teilweise zu kompensieren, und sich mit Geschäftemacherei durchschlugen, lehnte Herr Paley dies ab. Überhaupt schätzt er die „neuen Russen" nicht besonders.

Herr Paley hatte starke Beschwerden an beiden Hüftgelenken. Auf die Frage „Warum sind Sie nach Deutschland gekommen?", antwortet er: „Zuerst brauchte ich medizinische und chirurgische Hilfe. Und in der ehemaligen UdSSR gab es keine gute Lösung für mein Problem und ich wusste, dass an der Münchner Universität gute Fachleute sitzen."

Die russischen Behörden machten hinsichtlich seines Ausreiseantrags vergleichsweise wenig Schwierigkeiten. Zweimal musste er nach Moskau fahren, sich dort Befragungen stellen, Fragebögen ausfüllen und immer wieder warten. Die Bürokratie arbeitete langsam. Insgesamt zogen sich die Formalitäten ungefähr zwei Jahre hin.

Die einzigen Länder, die realistischerweise für eine Ausreise in Betracht kamen, waren Deutschland und Israel. Er schätzte jedoch die medizinischen Chancen seiner Behandlung und seine beruflichen Aussichten in Deutschland besser ein.

Im Jahr 1996 war es dann endlich soweit. Aus seinem Leben in Russland konnte er nur sehr wenige persönliche Gegenstände mitnehmen, sodass er nach den beträchtlichen materiellen Verlusten der Inflationszeit nun völlig mittellos in Deutschland ankam.

„Ich kam zuerst nach Nürnberg. Dort kam ich in das bayerische Immigrantenlager für russische Spätaussiedler und jüdische Kontingentflüchtlinge. Es gab kein Problem. Auch in München gab es ein Wohnheim für diese Immigranten in der Schleißheimer Straße am Harthof, eine ehemalige Kaserne. Ich lebte dort ungefähr einen Monat. In dieser Zeit habe ich bei Inlingua einen Sprachkurs belegt. Meinen Lebensunterhalt bekam ich durch das Arbeitsamt. Dann zog ich in ein komfortableres Wohnheim in der Kantstraße."

In der ersten Zeit in München erwies sich die Unterstützung durch die jüdische Gemeinde als sehr hilfreich. Die Mitarbeiter dort kümmerten sich beratend um die Schwierigkeiten der Neuankömmlinge, übten aber so gut wie keinen Druck aus, am religiösen Leben der Gemeinde teilzunehmen. Heute hält Herr Paley ein wenig Abstand, da er mit der politischen Haltung nicht immer konform geht. Beispielsweise stört ihn die Tendenz, Kritik an Entscheidungen des jüdischen Staates mit dem Etikett Antisemitismus zu belegen.

Der Sprachkurs bei Inlingua sollte ein halbes Jahr dauern. Er richtete sich an ein Publikum verschiedener Nationalitäten und Altersgruppen. Unterricht war täglich von 8.30 bis 15.30 Uhr. Da er aber zwischenzeitlich seinen Operationstermin erhielt, musste er bereits nach vier Monaten abbrechen. Aufgrund seiner Vorkenntnisse aus der Schulzeit besuchte er einen Fortgeschrittenenkurs. Heute bezweifelt er diese Entscheidung etwas, denn im täglichen Leben bemerkt er gelegentlich, dass ihm manchmal Grundlagen der deutschen Sprache fehlen. Herr Paley liest keine deutschen Bücher, nur ab und zu die Zeitung. Sein Deutsch ist nach wie vor mit grammatikalischen Fehlern behaftet und von nicht korrekt gebrauchten Wörtern durchsetzt.

Als er sich nach der Hüftoperation wieder in der Lage sah, zu arbeiten, wandte er sich aus naheliegenden Gründen an die Sternwarte der Münchner Universität. Ihm war klar, dass seine Deutschkenntnisse nicht ausreichen würden, um hier wie in Russland als Professor zu lehren. Auf keinen Fall wollte er jedoch zu Hause sitzen, so war ihm jede Beschäftigung willkommen, in der er zumindest teilweise seine Kenntnisse einbringen konnte. Er sprach mit dem Direktor der Sternwarte, der die Lektüre des Lebenslaufs aber bereits abbrach, als er das Geburtsdatum gelesen hatte. Keine Aussicht! Für Herrn Paley brach eine Welt zusammen. Die Reaktion kam für ihn völlig unerwartet, da in Russland keine wirkliche Altersbeschränkung für wissenschaftliche Fachkräfte existierte und es allgemein üblich war, auch nach Bezug der Rente weiter zu arbeiten. Auch seine Hoffnung, wenigstens als Hilfskraft eingestellt zu werden, erlitt Schiffbruch, da er, nach Darstellung des Direktors, für solche Tätigkeiten überqualifiziert sei und solche Stellen dem jungen wissenschaftlichen Nachwuchs vorbehalten bleiben sollten.

Die Arbeitspapiere des Bundesamts für Migration und Flüchtlinge belegen, dass Herrn Paleys Erlebnisse eher die Regel als die Ausnahme darstellen. Der Anteil von Wissenschaftlern unter jüdischen Kontingentflüchtlingen beträgt 43 %, von denen wiederum 55 % bei der Einreise älter als 60 Jahre waren.[3] Nach den Mitteilungen des Jahres 2005 waren von den eingewanderten Wissenschaftlern 60 bis 70 % arbeitslos und abhängig von Sozialhilfe.[4]

Nach Herrn Paleys Beobachtungen lässt sich feststellen, dass der Einstieg ins Erwerbsleben entscheidend vom Alter der Immigranten abhängt und für Absolventen von Handwerksberufen erheblich einfacher verläuft. So fanden beispielsweise zwei seiner Neffen problemlos Arbeit als Elektroinstallateur bzw. als Programmierer. Dagegen müssen Wissenschaftler häufig neue Qualifikationen an der Hochschule erwerben, um einen in Deutschland akzeptierten Abschluss vorweisen zu können.

Unter diesen Umständen schien die Möglichkeit einer geregelten Anstellung in weite Ferne gerückt. Um seinen Lebensunterhalt zu bestreiten, musste er sich etwas anderes einfallen lassen. Er beschritt wieder vertraute Wege und versuchte es mit Erfindungen. Dabei verließ er sein Spezialgebiet und wandte sich der Sicherheitstechnik zu. Leider musste er bald erkennen, dass auch damit kaum Geld zu verdienen war.

„In der ersten Zeit habe ich Hoffnung gehabt und gemeint, meine Erfindungen wären sehr wichtig und dass ich damit viel Geld verdiene. Dass ich davon ein selbstständiges Leben finanzieren könnte und nicht auf Sozialhilfe angewiesen wäre. Aber meine Hoffnungen schwanden immer mehr. Ich habe keine Chance meine Erfindungen zu verkaufen." Exemplarisch verdeutlicht er dies am Patent für eine Notbremse für Aufzugsanlagen, die er als eine seiner wichtigsten Schöpfungen bezeichnet. Er ist davon überzeugt, dass seine Bremse besser funktioniert als die bestehenden Systeme. Als er seine Vorschläge an diverse deutsche Aufzugsfirmen versandt hatte, stellte sich heraus, dass Notbremsen Teil fertiger Module sind, die von anderen Herstellern bezogen und nicht selbst gefertigt werden. So versuchte er es beim Hersteller dieser Bauteile, erhielt aber keine Antwort.

Sein Schwachpunkt ist vor allem der Modellbau, denn für Material und Werkstattmiete ist Geld notwendig. Von Sozialhilfe kann er so etwas nicht bezahlen, denn

Ausgaben von ca. 1.000 Euro liegen bereits außerhalb seiner finanziellen Möglichkeiten. Ohnehin kann er sich mit seinem schmalen Budget keine EU-weite oder gar internationale Patentierung leisten. Es ist ihm nicht möglich zu kontrollieren, ob seine Vorschläge im Ausland kopiert werden oder gar ohne sein Wissen in Deutschland zur Anwendung gelangen. Er versucht auch bei der Schilderung dieser Fehlschläge sein Lächeln beizubehalten, das aber diesmal etwas bitter ausfällt.

Um sich zu beschäftigen, arbeitet er unermüdlich neue Vorschläge aus. So wandte er sich an Franz Beckenbauer mit der Bitte, die Einführung von Seniorenspielen in Anlehnung an die Paralympics zu unterstützen und als Prominenter die Patenschaft zu übernehmen. Er wandte sich mit Verbesserungsvorschlägen an wissenschaftliche Journale im Fernsehen, bat die Fraunhofer-Gesellschaft um Unterstützung seines Patents für eine Notlandevorrichtung für Flugzeuge und wollte der Stadt München sein Aufzugspatent als Geschenk überreichen. Aber seine Vorschläge wurden entweder ignoriert oder abgelehnt.

Als älterer Arbeitsloser bezieht Herr Paley Sozialhilfe nach Sozialgesetzbuch. Ob mit diesem geringen Einkommen ein menschenwürdiges Leben möglich ist, wird in der Öffentlichkeit

Skizze aus einer Patentanmeldung für ein Notlandesystem für Flugzeuge

gerade heftig diskutiert. Aus seiner Tätigkeit in Russland erhält er lediglich eine verschwindend kleine Rente von etwas mehr als 200 Euro pro Monat, von der ihm nichts bleibt, da sie mit den Leistungen der Sozialhilfe verrechnet wird.

Obwohl sich Herr Paley in München wohl und zu Hause fühlt, weist sein Leben als Immigrant Schattenseiten auf. Herr Paley empfindet seine Abhängigkeit von der Sozialhilfe als demütigend. „Das ist moralisch sehr schwer für mich. Ich habe ein Potential. In Wirklichkeit kann ich mehr Steuer zahlen, als ich Sozialhilfe bekomme, wenn ich nur arbeiten könnte. Aber ich habe leider keine Arbeit." Auf den Hinweis, dass er sich doch nun in einem Alter befinde, in dem man sich normalerweise zur Ruhe setzt, ruft er entrüstet aus: „Nein, nein, das ist nichts für mich! Ich kann mich absolut nicht zur Ruhe setzen!"

Er erklärt: „Aufgrund meines kleinen Einkommens kann ich mich gut ernähren, ohne Luxus. Aber ich habe keine Möglichkeit ein Fußballspiel in der Arena anzusehen oder ins Konzert zu gehen. Ich würde gern ein gutes Orchester hören, aber ich kann nicht. In der Sowjetunion bin ich immer in Konzerte gegangen."

So manche für ihn schwer nachvollziehbare Regelungen belasten sein Leben zusätzlich. Früher konnte er beispielsweise sein schmales Einkommen durch Nachhilfeunterricht für Physikstudenten aufbessern. Anfangs durfte er so bis zu 80 Euro im Monat ohne Abzüge dazuverdienen. Jetzt gilt diese Regelung nicht mehr und ihm verbleiben nur 30 % seines Zusatzeinkommens, sodass er heute auf diese Beschäftigung weitgehend verzichtet.

Als ich ihn frage: „Wenn Sie jetzt noch mal vor die Entscheidung gestellt würden und wüssten, dass Sie hier von Sozialhilfe leben müssten, würden Sie noch mal einen Antrag auf Ausreise stellen?", antwortet er mit lauter Entrüstung: „Auf keinen Fall! Wenn dann nur für meine Operation! Nach der Operation gleich wieder zurück!"

Angesichts dieser schmerzvollen Erfahrungen frage ich mich, wie es möglich sein könnte, dass unsere Gesellschaft zumindest ansatzweise die Voraussetzungen für Integration schafft, wie sie beispielsweise von Raju Sharma, dem integrationspolitischen Sprecher der Linken eingefordert werden: „Integration bedeutet für mich, dass Menschen, die in eine zunächst fremde Gesellschaft kommen, die Möglichkeit erhalten, sich mit ihrer Persönlichkeit so einzubringen, dass sie sich als Teil dieser Gesellschaft empfinden und die Gesellschaft sich durch Ankommende bereichert fühlt."[5]

Wenn man davon ausgeht, dass es sich bei den jüdischen Kontingentflüchtlingen um eine relativ privilegierte Migrantengruppe handelt, die über ein überdurchschnittliches Bildungsniveau verfügt, aus einer europäisch geprägten Kultur stammt und so gut wie keinen Restriktionen wie eingeschränkte Arbeitsplatzwahl, Beschränkung der Aufenthaltsgenehmigung oder des Aufenthaltsorts unterworfen ist, und dann erfährt, dass selbst die Angehörigen dieser Gruppe mehrheitlich an den realen Gegebenheiten scheitern, scheint mir der Weg zu einer integrationsfähigen und -willigen Gesellschaft noch sehr weit.

Für Herrn Paley ist die Sache einfach, für ihn geschieht Integration durch Arbeit. Ich vermute, dass er damit die Einbindung in die Gruppe der wissenschaftlichen Elite meint, die sich materieller Vorteile und eines gehobenen Sozialprestiges erfreut. Realistisch erscheint mir dieser Wunsch nicht. In Zeiten, in denen auch im Bereich der Forschung gekürzt und Stellen eingespart werden, ist Konkurrenz nicht willkommen. Jede Stelle im Wissenschaftsbetrieb ist hart erkämpft und wer nicht über ein gut ausgebautes Netzwerk an Beziehungen verfügt und weder die gesellschaftlichen Spielregeln noch die Sprache gut beherrscht, wird hier schnell zur Seite gedrängt.

Für mich ist diese Entwicklung zwar verständlich, aber aus mindestens zwei Gesichtspunkten bedauerlich. Zum Ersten wurde eine zahlenmäßig nicht unbedeutende Gruppe in unser Land eingeladen, der hier kaum Chancen geboten werden und deren Selbstwertgefühl unter dieser Situation erheblich leidet. Zum Zweiten finde ich es sehr schade, dass der große Erfahrungsschatz, den diese hochqualifizierten Fachkräfte mitbringen, brachliegt und nicht für die Lösung anstehender Forschungsprobleme nutzbar gemacht werden kann.

Als ich Herrn Paley frage: „Was war für Sie das erfreulichste Erlebnis in Deutschland?", antwortet er: „Die Sicherheit. In Russland war es in letzter Zeit sehr gefährlich auch mit der Polizei. In Lipetzk war ich bekannt. Ich war auch öfter im Fernsehen zu sehen. Ich hatte viele Bekannte und war daher sicher. Aber in anderen Orten, wie Moskau, hatte ich immer Angst. Ich habe hier in Deutschland qualifizierte kostenlose medizinische Hilfe erhalten. Eine Haushaltshilfe habe ich auch bekommen, das wäre in Russland unmöglich gewesen."

Auf die Gegenfrage: „Was war Ihre schlechteste Erfahrung in Deutschland?", antwortet er: „Die komplizierte Bürokratie, aber die hat auch ihre guten Seiten." Als ich nachhake: „Ich hatte das mehr persönlich gemeint", weicht Herr Paley wieder aus. Wie so oft will er argumentieren, aber nicht über seine Gefühle reden.

Nach drei bis vier Jahren Aufenthalt in Deutschland wurde er auch selbstbewusster im Umgang mit den deutschen Behörden. Sein Widerspruchsgeist war nicht erlahmt. Nahm er anfangs noch jeden ablehnenden Bescheid ergeben hin, gewöhnte er sich jetzt daran, Einspruch zu erheben, falls er eine Begründung nicht stichhaltig fand. Seine Schreiben sind meist auf einem knappen Vokabular, aber streng logisch aufgebaut und häufig erfolgreich.

Bei unserer zweiten Begegnung frage ich Herrn Paley, wie er sich heute selbst fühle – als Weißrusse, als Russe, als Jude oder gar als Deutscher? –, antwortete er spontan: „In Deutschland bezeichnen wir uns alle, die aus Russland eingewandert sind, als Russen. Auch ich fühle mich natürlich als Russe." Was ihn besonders an Russland bindet, ist die russische Kultur, insbesondere die Literatur. Deshalb ist er auch bis zum heutigen Tag russischer Staatsbürger geblieben.

Allerdings wurde er zwischenzeitlich belehrt, dass auch die Rückkehr nach Russland nicht nur erfreuliche Seiten aufweist. 1998 arbeitete Herr Paley für kurze Zeit als Gastprofessor in seiner früheren Heimat. „Ich konnte in dieser Zeit die Zustände in Deutschland und Russland vergleichen. In Russland gab es damals keine Ordnung, das öffentliche Transportwesen war in schlechtem Zustand, die Städte waren sehr schmutzig. Die Aufzüge und die Beleuchtung in den Gebäuden funktionierten nicht. Das Leben war sehr, sehr schwer. Ich verspürte keinen Wunsch mehr, Russland zu besuchen."

Dazu kommt, dass er keine Verwandten mehr in Russland besitzt. Er erzählt: „Bis 1992 lebte mein Sohn noch dort, dann ist er nach Israel emigriert, schließlich weiter nach Kanada. Mein Bruder ist im Jahr 2000 nach Israel ausgewandert. Ich hatte auch eine Lebenspartnerin in Lipetsk. Ich habe ihr vorgeschlagen zusammen auszuwandern, aber sie hat als Russin keine Genehmigung erhalten." Später erzählt er, dass sie Russland nicht verlassen wollte.

Sein Sohn besucht ihn ein- bis zweimal pro Jahr. Häufig im Herbst, da er das Oktoberfest liebt. Auch zu Weihnachten kommt er manchmal zusammen mit seiner Familie.

Heute bedauert es Herr Paley sehr, dass er den Kontakt zu Deutschen nicht intensiver gesucht und deshalb nur wenige Bekanntschaften mit Deutschen hat. Er verkehrt fast ausschließlich mit einer Gemeinschaft von russischsprachigen Wissenschaftlern, die überwiegend aus jüdischen Kontingentflüchtlingen besteht. Zur zahlenmäßig wesentlich größeren Gruppe der russischen Spätaussiedler pflegt er kaum Beziehungen.

Seit mehreren Jahren ist Herr Paley Präsident einer Vereinigung russischer Wissenschaftler in München, die er selbst gegründet hat. Der Verein umfasst etwa 50 meist ältere Mitglieder. Hier kann er sein Organisationstalent entfalten und auch seine Erfindungen einem Kreis von Fachleuten präsentieren. Viele dieser Wissenschaftler leiden wie er darunter, dass sie hier ihre Talente und Erfahrungen nicht zum Einsatz bringen können. So baten sie eines Tages den damaligen Ministerpräsidenten Edmund Stoiber um Unterstützung, wobei sie erwähnten, dass viele große Probleme mit der deutschen Sprache hätten und Hilfe bei der Übersetzung ihrer Veröffentlichungen benötigen. In der Antwort aus der Staatskanzlei wurde zwar zugestanden, dass „aus Russland stammende hochqualifizierte Experten in Deutschland oft Schwierigkeiten dabei haben, eine ihrer Qualifikation angemessene berufliche Stellung zu finden und ihre Fähigkeiten voll nutzbar zu machen", die Bitte um Unterstützung erhielt aber eine förmliche Absage, wobei betont wurde, dass Integration nur durch

Proben für das Neujahrsfest

die Beherrschung der deutschen Sprache möglich und dies eine „individuell zu lösende Problematik" sei.

Trotz aller Rückschläge bleibt Herrn Paleys Tatkraft ungebrochen. Während ich dies schreibe, bereitet er gerade wieder die Neujahrsfeier seines Clubs vor. Er will zusammen mit einer früheren Schauspielerin als Conferencier auftreten und ungeachtet seines hohen Alters mit einigen Damen Can Can tanzen. Die Proben finden bei ihm zu Hause statt und alle haben großen Spaß dabei.

Aus meiner Sicht lässt sich nur hoffen, dass Herr Paley auch weiterhin seine schier unerschöpfliche Energie bewahren kann und sich nicht davon entmutigen lässt, dass politische Veränderungen, gesellschaftliche und wirtschaftliche Um- und Zusammenbrüche seine wissenschaftliche Karriere beendet haben und dass seine Ideen und Vorschläge hier in seinem Gastland weitgehend auf Desinteresse stoßen.

1 Bundesamt für Migration und Flüchtlinge, Working Papers 3/2005, Jüdische Zuwanderer in Deutschland, S. 4.
2 Deutscher Bundestag, Antwort der Bundesregierung auf die Kleine Anfrage der Abgeordneten Memet Kilic, Josef Philip Winkler, Volker Beck (Köln), weiterer Abgeordneter und der Fraktion BÜNDNIS 90/DIE GRÜNEN – Drucksache 17/2836.
3 Bundesamt für Migration und Flüchtlinge, Working Paper 8, Soziodemographische Merkmale, Berufsstruktur und Verwandtschaftsnetzwerke jüdischer Zuwanderer, Tabellen 9 und 11.
4 Bundesamt für Migration und Flüchtlinge, Working Papers 3/2005, Jüdische Zuwanderer in Deutschland, S. 12.
5 Raju Sharma, Spiegel online, 29. September 2010.

aufgezeichnet von Niko Remy
Angelica Breymann –
Sehnsucht nach einer Heimat

ANGELICA BREYMANN

Vielleicht war es dieser Ring, den sie so sehr mochte, der Ring mit dem kräftig blauen, in Gold gefassten Stein in der Mitte. Der Stein war ein Lapislazuli, und es war kein beliebiger Stein, sondern der Siegelstein ihrer Familie.

In den 1950er Jahren trägt Angelica den Ring gern auf Festen. Sie lebt in Lima, in der dicht bevölkerten Metropole Perus, die sich zu der Zeit rasend schnell vergrößert. Es gibt Prachtstraßen und nebenan wachsen Elendsviertel. Es stört sie nicht, dass dieser Siegelring inmitten des lateinamerikanischen Völkergemisches, das sie umgibt, ein Anachronismus ist. Sie hat ihn von ihrem Vater bekommen. Der Ring ist ein Relikt aus einer untergegangenen Welt – aus dem herrschaftlichen Europa des 19. Jahrhunderts. Mit Siegelringen wurde dort eine adelige Abstammung signalisiert.

In dieser Welt dienten die Söhne aristokratischer deutscher Familien seit Generationen traditionell dem preußischen Militär, so auch Angelicas Vater. Im Ersten Weltkrieg kämpfte er als Offizier der Lüneburger Dragoner für Kaiser und Vaterland. Die Niederlage Deutschlands muss für ihn eine doppelt schwere Enttäuschung gewesen sein, denn es ging nicht nur Preußens Glanz und Gloria, sondern auch seine persönliche Lebensaufgabe verloren. Preußische Berufsoffiziere wurden nirgends mehr gebraucht. Er wurde „demobilisiert", wie es damals schlicht hieß.

Zunächst versuchte er, als Gutsverwalter, dann als Goldschmied in der Weimarer Republik anzukommen. Beide Male vergeblich. Mit fast 40 Jahren wagt er den kompletten Neuanfang. Er wandert mit seiner Frau nach Peru aus und eröffnet in Lima eine Werkstatt als Möbelschreiner. Wenige Jahre später bringt seine Frau nach einem Sohn eine Tochter zur Welt: Angelica von Breymann. Sie wird 1940 geboren und wächst auf in dem Spannungsfeld zwischen einem demoralisierten Vater, der vergangenen Idealen nachtrauert, und der aufregenden Gegenwart einer pulsieren-

Lima 1941: Angelica auf dem Schoß ihrer Mutter. Rechts: Bruder und Vater

den südamerikanischen Großstadt mit ihren grellen Farben, ihrem Lärm und ihrer Hektik.

Schon als kleines Mädchen bewundert sie das erregend bunte Lima. Sie streift über die Märkte in ihrem Viertel. Das bunte Durcheinander aus tropischen Früchten, eigenartigen Gewürzen, Gerüchen, heiseren Rufen der Händler, bettelnden Indios, streunenden Hunden und Katzen ist wie ein großes lebendiges Gemälde für sie. Stets passiert hier etwas Neues und Aufregendes. So stößt sie eines Tages unvermittelt auf eine große Prozession, die kein Weiterkommen mehr zulässt. Menschenmassen schieben sich vor ihr durch enge Gassen. Mittendrin stemmt die Menge auch noch eine schwere Marienstatue in die Höhe. Dazwischen Leute mit Kerzen. Alle beten andächtig oder singen laut spanische Choräle. Zu ihrer besonderen Verwunderung liegen nach der Prozession überall Schuhe auf der Straße. Es kommt sogar ein Mann, der sie aufsammelt. Später wird ihr klar, dass die Schuhe den Prozessionsteilnehmern in der Enge von den Füßen gerutscht sind. Alle waren dicht aneinander gepresst. Niemand konnte sich bücken und seinen verlorenen Schuh wieder aufheben.

Lima 1943

Aufgeregt kommt sie heim und will von ihrem Abenteuer berichten. Doch zu Hause prallt sie gegen eine Wand aus Unverständnis und Desinteresse. Insbesondere ihr Vater ist nicht an ihren Erlebnissen interessiert. Er monologisiert lieber über seine alten Zeiten als Offizier in einem fernen Land. Angelica kennt all seine Geschichten schon längst und kann sie nicht mehr hören. Sie würde sich gern einfach normal unterhalten. Aber das ist nicht möglich. So gewöhnt sie sich daran, ihre Eindrücke für sich zu behalten.

Als der Vater gesundheitliche Probleme bekommt, sodass er nicht mehr als Schreiner arbeiten kann, wird es noch schlimmer. Die Familie kann sich zwar über Wasser halten, indem sie die Schlafzimmer an durchreisende Geschäftsleute vermietet. Doch ihr Vater wird mehr und mehr zum Haustyrann. Er befiehlt ihr immer wieder, seine düstere Schreinerwerkstatt aufzuräumen. Sie muss Schrauben, Nägel und alles, was er sonst noch pedantisch aufhebt, sortieren und beschriften. Es erscheint ihr völlig sinnlos, denn er arbeitet ja gar nicht mehr in der Werkstatt. Im Grunde gibt es dort nichts zu tun. So beginnt Angelica, ihm aus dem Weg zu gehen, und sie beschließt, das elterliche Haus zu verlassen. Sie will nicht mehr so ausgeliefert sein. Sie will aus diesem Haus weg, so schnell wie möglich: „Hier bleibe ich nicht."

Trotz der finanziell schwierigen Lage und der Spannungen wird in der Familie die europäische Tradition gewahrt. Beim gemeinsamen Abendessen muss Angelica stets gerade sitzen, darf sich nicht anlehnen und nur dann etwas sagen, wenn das Wort an sie gerichtet wird. Die Familie zelebriert ein herrschaftliches Mahl, obwohl es oft nur Haifischfleisch gibt. Mit der peruanischen Küche als solcher hat Angelica keine Pro-

Angelicas Vater, 1958   **In der Hazienda, 1957**

bleme. Die Geschmacksnerven ihrer Eltern jedoch werden vor einige landestypische Herausforderungen gestellt.

Als sie einmal eine Hazienda in den Anden besuchen, treffen sie in der dunklen Küche auf eine alte Indio-Frau. Die hebt ihren Rock hoch und zieht ein zappelndes Meerschweinchen hervor. Das sei dick genug zum Essen, sagt sie. Das Meerschweinchen gibt es dann gebraten mit Kartoffeln zum Mittagessen.

Auch die Hygiene erfordert ein Umgewöhnen. Wenn es irgendwo am Körper krabbelt, muss man auf Flohjagd gehen. Für Angelica ist das kein Problem: Am besten steigt man nackt in die Badewanne und schüttelt die Wäsche aus. Dann fallen die Flöhe herunter und werden als winzige Punkte in der Wanne sichtbar. Angelica ist sehr geschickt darin, sie zwischen die Nägel zu nehmen und zu „knacken".

Im Wohnviertel der Familie wird oft eingebrochen. Die Gefahr, ausgeraubt zu werden, ist ständig präsent. Keiner trägt Schmuck auf der Straße. Wer aus dem Haus geht, blickt automatisch zur Sicherheit erst nach rechts und nach links, und wenn es dunkel wird, geht niemand mehr raus und schon gar nicht zu Fuß. Für Angelica sind diese Vorsichtsmaßnahmen normal. Auf ihre Eltern jedoch wirkt der Alltag immer bedrohlicher. Sie fühlen sich entwurzelt und vermissen ihre alte Heimat Deutschland.

1958 schließt Angelica die Schule ab. Beruflich würde sie gern etwas mit Medizin machen. Doch für eine Ausbildung in diesem Bereich haben die Eltern kein Geld. Darum beginnt sie, als Sekretärin zu arbeiten, zuerst in einem Reisebüro, dann bei einer amerikanischen Fluggesellschaft. Sie ist jetzt eine attraktive, junge Frau von 18 Jahren, lustig und schlagfertig. Aber sie sieht immer noch keine Möglichkeit, sich selbstständig zu machen. Als Weiße gehört sie in dieser Stadt gegenüber der in Jahrhunderten entstandenen Mischung aus indianischen Ureinwohnern, Schwarzen, Chinesen und Spaniern zwar automatisch zur Europäischen Oberschicht. Aber, allein in der Metropole Lima zu wohnen, ist für eine junge Frau in den 1950er Jahren nicht denkbar und außerdem zu gefährlich.

Doch dann bietet sich ihr eine unerwartete Möglichkeit: Zu Silvester 1959/60 wird sie von ihrer besten Freundin auf eine große Feier eingeladen. Es ist ein elegantes Fest

Lima 1958: Angelicas Elternhaus

auf einer überdachten Terrasse mit Blick auf das nächtliche Lima. Die weiß gedeckten Tische sind mit Blumen geschmückt. An der Bar werden Cocktails ausgeschenkt und ein kleines Orchester spielt zum Tanz auf. Die Herren präsentieren sich in dunklen Smokings mit weißen Einstecktüchern, weißen Hemden mit schwarzer Fliege und Manschettenknöpfen, die Damen in weißen Cocktailkleidern und Dauerwellen. Angelica trägt ihren Ring.

Sie tanzt die ganze Nacht mit verschiedenen Männern und kann sich hinterher an keinen speziellen erinnern. Doch einer erinnert sich an sie: An die hübsche Frau mit diesem besonderen Ring. Womöglich fühlt er sich nicht nur zu dieser jungen Peruanerin hingezogen, sondern auch zum Charme des Aristokratischen, den ihr Siegelring verströmt. Es ist Harald, ein junger Deutscher. Er hat bei Unilever eine Ausbildung gemacht und ist nun zu Verwandten nach Peru gekommen, um Spanisch zu lernen. Er arbeitet in einer deutschen Bank und ihm steht allem Anschein nach eine erfolgreiche Karriere bevor. Er ist fröhlich, witzig und sieht abgesehen davon auch noch blendend aus. Über die Gastgeberin

Harald

findet er Angelicas Telefonnummer heraus und lädt sie ein, gemeinsam auszugehen. Angelica verliebt sich in ihn und beide beginnen eine lockere Beziehung.

Angelica ist jetzt 20 Jahre alt. Damals ein normales Alter für die Heirat. Es bietet sich also endlich eine Möglichkeit, dem tyrannischen Vater zu entkommen. Aber Harald will sich nicht festlegen. Angelica bekommt Unterstützung von ihrer Mutter. Auch sie ist mit einer lockeren Beziehung ohne Perspektive nicht einverstanden. Sie will ihre Tochter versorgt wissen, denn so ist es üblich: Eine junge Frau geht aus dem Elternhaus in die Ehe. Sie macht Druck, und das gibt Angelica den Anstoß auf eine

Entscheidung zu drängen. Nach sechs Monaten Beziehung stellt sie Harald vor die Wahl: Heiraten oder Trennung. Nur nach einer Trennung hätte Angelica die Gelegenheit, noch jemand anderen kennenzulernen. Harald zögert noch immer. Er will auch das Einverständnis seiner Eltern einholen. Dazu wird in einem teuren Studio ein Foto von Angelica gemacht und nach Deutschland geschickt. Die Begutachtung der Braut fällt positiv aus. Seine Eltern sind einverstanden. Beide heiraten noch im selben Jahr, und für Angelica beginnt damit ein glückliches neues Leben.

Angelica, 1960

Sie ziehen in eine neue Wohnung. Anfang 1961 wird Angelica schwanger und im Oktober bringt sie den gemeinsamen Sohn Alexander zur Welt. Beide Eltern lieben ihr Baby sehr. Zu dritt fahren sie oft an den Strand und baden im Pazifik. Von Lima aus zieht die junge Familie für zwei Jahre nach Chile. Hier kann Angelica sogar ihrer ursprünglichen Neigung zur Medizin folgen. Sie erhält eine Ausbildung als Krankenschwester und arbeitet ehrenamtlich beim Roten Kreuz, wie es dort üblich ist.

Nach den zwei Jahren kehren sie nach Lima zurück. Dort macht Harald Karriere bei einer Handelsbank. Sie führen ein bürgerliches Leben. Angelica ist sehr zufrieden und ausgefüllt als junge Mutter und Ehefrau. Doch diese glückliche Zeit endet abrupt, als Harald sich auf einer Geschäftsreise in eine andere Frau verliebt. Er will sich von Angelica lösen. Sie willigt in eine einvernehmliche Scheidung ein.

Die Trennung trifft Angelica als junge Mutter mit Kind in Südamerika besonders hart: Als geschiedene Frau hat sie rechtlich eine schwache Stellung. Sie muss Angst haben, dass Harald den gemeinsamen Sohn nach einem Besuch eventuell nicht mehr herausgeben könnte. In Peru hat sie kein eindeutiges Sorgerecht für ihren Sohn. Im Streitfall hätte sie keine Chance, ihren Sohn wiederzusehen. Zudem ist Harald als Investmentbanker mittlerweile ein einflussreicher Mann, mit dem es sich niemand verscherzen will. Und für ihre Freundinnen, die inzwischen alle verheiratet sind, ist sie als Alleinstehende nun eine unliebsame Konkurrenz. Man lässt sie fallen. Sie wird von niemandem mehr eingeladen und ist ihrer Freunde beraubt.

Auszugehen, kommt von da an nicht mehr in Frage, da es abends auf der Straße für Frauen allein zu gefährlich ist. Als einzige Bezugsperson bleibt Angelica ihre Mutter. Die ist aber schwer krank und kann ihr nicht helfen. Inmitten der vor Leben überquellenden Stadt vereinsamt Angelica. Ihr wird klar, dass sie nicht länger in Lima bleiben kann. Aber wohin soll sie gehen? Wo wird sie als alleinerziehende Mutter integriert werden, und wo ist auch ihre rechtliche Stellung gesichert?

Angelicas Hoffnungen richten sich auf Deutschland. Hier sind die Ausbildungsmöglichkeiten für ihren Sohn besser als in Südamerika. Auch die deutsche Sprache ist ihr aus der Familie vertraut. Hinzu kommt, dass sie sich seit einem Besuch bei ihren Schwiegereltern in Deutschland beschützt fühlt. Ihre beste Freundin, auf deren Fest sie Harald kennenlernte, hat einen deutschen Arzt geheiratet und wohnt inzwischen

Angelica mit ihrem Sohn Alexander, 1962

in München. Das gibt den Ausschlag. 1967 tritt Angelica gemeinsam mit ihrem Sohn eine wochenlange Schiffspassage an und siedelt nach München über.

In München macht sie eine Ausbildung zur Arzthelferin und kann sich so endlich eine eigene berufliche Existenz schaffen. Endlich scheint alles ins Reine zu kommen. Doch als sie ihren Sohn eines Tages von der Krippe abholt, begrüßt er sie mit dem Satz, den sie gut kennt, weil sie in ihrer Kindheit selbst so gedacht hat: „Hier bleibe ich nicht." Angelica ist wie vor den Kopf gestoßen. Der Kleine ist fest entschlossen, von München weg zu gehen. Er nimmt dabei in Kauf, seine Mutter, die ihn über alles liebt, zu verlassen, und das bereits im Alter von fünf Jahren. Angelica mutmaßt, dass er seinen Vater und die glückliche gemeinsame Zeit in Lima vermisst. Freunden im Kindergarten verkündet er, seine Kinder würden auf die Namen John und Mary getauft werden. Angelica erkennt daran, wie tief entschlossen er ist, Deutschland den Rücken zu kehren. Zu ihrem Leidwesen lässt ihn diese Idee nicht mehr los. Nach dem Ende seiner Schulzeit beginnt er zunächst ein Studium in Berlin. Bei erster Gelegenheit nutzt er ein Auslandspraktikum, um nach Amerika zu gehen, und siedelt sich schließlich in Oregon dauerhaft an.

So bleibt Angelica wieder allein zurück. Unglücklicherweise zieht auch ihre Freundin, um

Auf der Überfahrt nach Europa, 1964

deretwillen sie hierher gekommen ist, aus München fort. Angelica sehnt sich nach dem Lima ihrer Kindheit. Doch von ihren damaligen Freunden wohnt keiner mehr dort. Die europäisch geprägte Gesellschaftsschicht, in der sie ihre Jugend verbrachte, war auf der ganzen Welt zu Hause und blieb nirgendwo lange. Die meisten Europäer wohnten nur ein paar Jahre hier, wechselten dann die Position und damit auch den Wohnort. Was Angelica bleibt, ist eine unerfüllte Sehnsucht nach einer Heimat, die es nicht mehr gibt.

Vielleicht war es der Ring, der auf eigentümliche Art und Weise dafür sorgte, dass die Lebenswege auf diese Weise auseinanderliefen. Angelica trägt ihn mittlerweile nicht mehr. Sie hat ihn an Haralds Schwester verschenkt. Rückblickend auf ihr Leben sagt sie: „Ich bin in München zu Hause. Ich bin in Chile zu Hause. Ich bin in Peru zu Hause, aber nirgends daheim – außer hier in meiner Wohnung in Schwabing." In ihren eigenen vier Wänden ist sie zufrieden. Hier schöpft sie Ruhe und Kraft. Besonders gefällt es ihr, wenn nach dem kalten, dunklen deutschen Winter jedes Jahr ab dem 5. Februar mittags wieder die Sonne in ihr Wohnzimmer scheint. Das helle Licht erinnert sie dann an Lima.

München 2011: Angelica Breymann in ihrer Schwabinger Wohnung

Danksagung

DANKSAGUNG

An erster Stelle wollen wir uns bei unseren Interviewpartnern bedanken, für das Vertrauen und die Offenheit, mit der sie uns an oft sehr persönlichen Erinnerungen teilhaben ließen. Unter anderem haben sie es uns ermöglicht, die Geschichte der letzten Jahrzehnte aus ihrem Blickwinkel zu erleben. Meist waren es aber die ewig aktuellen Themen, die uns besonders gefesselt haben. Wie vereine ich die Anforderungen durch Lebenspartner, Familie und Kinder mit meinen eigenen Ansprüchen an ein selbstbestimmtes Leben? Wir durften Anteil nehmen am Neubeginn und Scheitern von Lebensprojekten angesichts schwieriger Lebensbedingungen oder gesundheitsbedingten Einschränkungen. Hier wurden sehr persönliche Begegnungen ermöglicht, teilweise wurden auch neue Freundschaften geschlossen und wir alle konnten sehr viel voneinander lernen.

Gleich danach gilt unser Dank Frau Gabriele Bolz-Pernath. Ohne sie wäre dieses Buch niemals entstanden. Von ihr stammt die Idee, das Leben von Menschen festzuhalten, die – trotz „schwieriger" Lebensumstände – im Alter noch ein erfülltes und durch positive Gedanken getragenes Leben führen. Sie suchte und fand freiwillige Mitarbeiter, die sich aus unterschiedlichen Gründen für die Biografiearbeit interessierten und sie hielt unsere Gruppe stets zusammen, indem sie dafür sorgte, dass sich die Autoren in einem gemütlichen Rahmen treffen konnten, in dem sie sich gegenseitig die Entwürfe der Biografien vorlasen und sich austauschen konnten. Da wir mit wenigen Ausnahmen schriftstellerische Laien sind, waren die Anregungen aus diesem Kreis immer sehr hilfreich. Sie vermittelte uns die Kontakte zu allen unseren Interviewpartnern und sorgte auch dafür, dass sich Autoren, Interviewpartner und einige Mitarbeiter des Sozialreferats auf einem Fest Ende 2011 gegenseitig kennenlernen konnten.

Wir danken auch Frau Tanja Reiber und Herrn Frank Widmayer, die unsere Biografien durchgelesen und unsere Texte durch konstruktive Kritik und stilistische Verbesserungen bereichert haben.

Bei Frau Doris Leuschner möchten wir uns für ihre unentgeltliche Unterstützung bei den Fotoarbeiten bedanken. Insbesondere wäre es uns ohne ihre professionelle Unterstützung kaum möglich gewesen, einen kleinen Ausschnitt des Werks von Herwig K. in diesem Buch zu präsentieren.

Ein ganz besonderer Dank gilt auch den Mitarbeitern des Sozialreferats der Stadt München und den Mitgliedern des Selbsthilfebeirats München, die unsere Initiative gefördert, beraten und unterstützt haben. Durch ihre Hilfe bei der Finanzierung war es uns möglich, Aufnahmegeräte anzuschaffen, Ausgaben für unser Fest zu bestreiten und nicht zuletzt dieses Buch zu finanzieren. Namentlich möchten wir uns hier vor allem bei Frau Reiter-Frick, Frau Eva Obermaier, Herrn Thomas Hellmann, Herrn Günter Schmid und Herrn Bud Willim bedanken.

Die Autoren

DANKSAGUNG

Vordere Reihe von links nach rechts: Marianne Steffen, Horst Schmidt, Anne Raab
Hintere Reihe: Uta Feising, Gudrun Fisch, Niko Remy